巴菲特法则

巴菲特关于投资的理念、策略与忠告

孙力科◎编著

中国友谊出版公司

图书在版编目（CIP）数据

巴菲特法则 / 孙力科编著. — 北京 :中国友谊出版公司, 2021.10

ISBN 978-7-5057-5339-6

Ⅰ. ①巴… Ⅱ. ①孙… Ⅲ. ①巴菲特(Buffett, Warren 1930-)—投资—经验 Ⅳ. ①F837.124.8

中国版本图书馆CIP数据核字(2021)第188750号

书名	**巴菲特法则**
作者	孙力科　编著
出版	中国友谊出版公司
发行	中国友谊出版公司
经销	新华书店
印刷	三河市冀华印务有限公司
规格	700×980毫米　16开 17印张　191千字
版次	2021年12月第1版
印次	2021年12月第1次印刷
书号	ISBN 978-7-5057-5339-6
定价	48.00元
地址	北京市朝阳区西坝河南里17号楼
邮编	100028
电话	（010）64678009

目　录

前 言

谈论起巴菲特，人们首先想到的就是他股神的身份，可以说这是他身上最大的标签，这个标签所代表的含义很容易使人联想到“常胜将军”“聪明的天才”这一类说辞。围绕他本人以及投资理念的一些说法也总是显得过于神秘，人们会主观认为普通人干不了投资，投资是那些聪明人才能够做的事。一些媒体人甚至刻意将巴菲特神化了，但其实他也是人，他也和普通人一样从事一份普通的工作，他也和普通人一样经历过各种失败。

比如，他曾经投资了纺织厂Waumbec和鞋厂Dexter Shoe Co.、能源期货控股公司、英国超市运营商特易购，都出现了严重亏损，更别说错过了微软公司、谷歌公司、购买Dallas-Fort Worth NBC电视台、亚马逊公司和苹果公司（亚马逊和苹果后期买入，但是错过了最佳增值期）。从投资的角度来说，巴菲特的胜率并不是最高的，而且很多投资看起来错得有些离谱，可以看出，巴菲特在投资领域并不是一个完人。但他真正优秀的地方在于善于总结经验，吸收先进的投资理念。像格雷厄姆、费雪、查理·芒格，他从不同时代的投资大师身上学习到了投资的精髓，然后整合成了自己的体系。

比尔·盖茨曾经这样评价巴菲特："我不得不承认，当我第一次见到巴菲特的时候，他这个思考框架真的令我感到惊喜。我是在母亲组织的一次饭局上见到他的。当时我还想：'我干吗想见这个炒股的家伙？'我想他只是利用各种市场相关信息来做投资决策，如销售额、价格变化曲线等。不过当我们那天开始交谈后，他没有问我任何这些信息。相反，他开始提问有关微软业务基本面的大问题。'为什么IBM不能做微软的业务？为什么微软一直保持较高利润率？'这让我意识到，他思考业务的方式比我想象的深远很多。"

巴菲特是一个非常善于思考的人，能够挖掘到别人不曾关注到的细节问题，能够从不同的角度分析问题，但他并不认为投资是一项智力游戏，它只是一项很普通的工作。在他看来，一个人如果想要做好投资，其实并不需要拥有超越别人的才能，也不需要超出常人的智商，和其他工作一样，它同样有法可循。只要掌握了一些基本的投资方法和技巧，只要了解了其中的一些基本规律，那么接下来要做的就是寻找并坚定持有这些优质公司的股份，再坚持基本的价值投资理念，就可以将自己的投资做大做好。

巴菲特坚持把投资简单化，就像处理其他工作一样，也是基于这样的理念。在他看来，人们试图复杂化投资反而会导致整个投资变得艰难和失控，所以巴菲特提出了自己的一些投资理念和法则，其中就包含了长期投资、价值投资、安全边际、独立投资、风险控制、集中投资等重要理念。这些法则和理念构成了巴菲特的投资体系，也成为人们了解巴菲特的最佳途径。

本书正是从巴菲特提倡的几个基本投资法则入手，通过保守的、稳健的、安全的投资模式来还原一个真实的巴菲特。通过学习巴菲特的投资法则和投资理念，可以帮助读者建立一种更好的思维模式，掌握投资的一些基本原理和规律。听上去非常简单，但想要像巴菲特一样成功则很难，几十年来，很少有人可以真正像巴菲特那样投资。关于这一点，著名的投机大师理查德·丹尼斯或许能够带来答案，这位美国期货市场的传奇人物曾提出著名的海龟交易法则，这个法则主要强调严格训练的重要性。在他看来，即便是一个对投资知识一无所知的人，也可以在投资中取得不错的收益，前提是经过严格的培训，并且严格按照规则和步骤去操作。

在践行自己的理论时，丹尼斯特意招聘了大量的学徒进行海龟交易训练，这些学徒不仅学习了最基本的期货知识和投资方法，也掌握了各种交易规则和步骤，结果那些严格遵守规则的人取得了不错的效果，而仍旧有一部分学徒在交易中遭遇了失败，原因就在于他们没能坚守规则，在遇到一些起伏时，违背了交易规则，依据主观判断干预、破坏交易策略，最终导致交易失败。

巴菲特真正可取之处在于他不仅能够理解投资，拥有一整套合理的投资方法，还在于他具备那种按照原则行事的意志力，而多数人却无法摒弃人性的弱点：短视、贪婪、缺乏耐力、主观主义、盲从等。所以对于多数人而言，学习和了解巴菲特的投资法则是一回事，能不能严格践行这些法则又是另外一回事。

因此，人们不仅要学习巴菲特的法则，了解那些基本的原理，还要学习他的意志力，保持那种按照既定规划、既定法则、既定步骤执行的决心与耐心，这样才可以真正发挥巴菲特法则的功效。

第一章

把握“市场先生”，寻求最合理的买卖机会

在别人恐惧时贪婪，在别人贪婪时恐惧

世界知名价值投资者霍华德·马克斯出版过一本书《投资最重要的事》，在书中，他提出了一个非常重要的概念——“第二层思维”。在霍华德·马克斯看来，投资者通常可以分为两种人：第一种人具有大众化的思维模式，他们对相同的事件常常有着相似或者相同的看法，常常使用相同的方法做事，并且也会得出相同或者相近的结果，这一类人处于第一层思维中；而第二种人对于相同事件有着不同的看法，而且明显不同于市场上普遍存在的观点和流行的思考模式，他们更喜欢出其不意，甚至采用逆向思维来分析和解决问题，这一类人非常优秀，是各个行业的精英，他们处在第二层思维中。

巴菲特对这一观点非常赞同，曾经忍不住赞叹道：“我第一时间打开并阅读的邮件就是霍华德·马克斯的备忘录。我总能从中学到东西。他的书籍更是如此。”他是这样说的，也是这样做的，巴菲特就是第二层思

维中的人，在投资的时候，他常常会站在和大众完全不同的立场上思考问题、分析局势。比如，他在谈到股市投资的秘诀时，就这样说道："事实上我们从来就不知道股市接下来到底是会涨还是会跌，不过我们确知的是贪婪与恐惧这两种传染病在股市投资世界里，会不断地发生，只是发生的时点很难准确预期，而市场波动程度与状况一样不可捉摸，所以我们要做的事很简单：当众人贪心大作时，尽量试着让自己觉得害怕；反之当众人感到害怕时，尽量让自己贪心一点。"他直接告诫其他投资者："如果一个投资者能够把自己的思想与行为同市场上盛行的、具有超级感染力的情绪隔离开来，形成自己良好的商业判断，那么他必将取得成功。"

巴菲特的这一套理论看起来违背常理，但实际上正好是对股市内不理性投资的一种正确解读，如果对股市或者其他产业的投资进行分析，就会发现几个现象：

首先，在绝大多数产业中，真正能够挣到钱的只有少数人，多数人都在激烈的竞争中艰难维持。

其次，一个行业在发展过程中，大多数人的想法都是一致的，大多数人的投资理念和选择也大同小异，尤其是在市场火爆以及恐慌的时候，大家的行为具有惊人的一致性和盲从性。

最后，很多投资者在投资的时候，容易冲动行事，在头脑不够冷静的情况下做出决策，无论他们之前是否认真分析过行情。

之所以会这样，往往和人性的弱点有关。比如，人们追涨的心理和贪婪有关，很多人都在想着"上涨的时候，它可能还会上涨"，他们会被这种贪婪心理和冲动的情绪控制，从而忽略了对风险的分析。同样地，当股市行情不好的时候，人们开始担心股价还会继续下跌，迟迟不敢出手，最终错过了抄底的好机会。

由于对局势缺乏基本的判断，加上市场上会出现明显的投资趋势（追涨或者追跌），大家更加乐于跟随大溜做出判断。如果说市场是每一个个体的行为决策总和，那么在盲从心理和群体思维的作用下，整个市场会变得非常任性。事实也是如此，几乎在每一次股灾到来的时候，都有大批疯狂的盲从者成为股市牺牲品，不合时宜的贪婪与恐惧直接导致多数人既无法把握住商机，也无法顺利躲避风险。

巴菲特对股市投资做过一个非常形象的比喻：“设想你在与一个叫市场先生的人进行股票交易，每天市场先生一定会提出一个他乐意购买你的股票或将他的股票卖给你的价格。市场先生的情绪很不稳定，因此，在有些日子市场先生很快活，只看到眼前美好的日子，这时市场先生就会报出很高的价格；其他日子，市场先生却相当懊丧，只看到眼前的困难，报出的价格很低。另外，市场先生还有一个可爱的特点：他不介意被人冷落，如果市场先生所说的话被人忽略了，他明天还会回来，同时提出他的新报价。市场先生对我们有用的是他口袋中的报价，而不是他的智慧，如果市场先生看起来不太正常，你就可以忽视他或者利用他这个弱点。但是如果你完全被他控制，后果不堪设想。”

对于投资者来说，真正需要做的就是像巴菲特一样，站在第二层思维上看待问题，争取不会受到市场先生的干扰。

—— 要保持独立分析的能力，避免受到外在的干扰，针对自己所购买的股票或者投资项目，了解所在公司的发展状况，据此做出判断。

——市场上的多数人越是保持某种投资趋向，就越要保持警惕，越是要懂得进行反向的分析，毕竟大部分人都无法从股市当中获利。

——了解股市发展的基本规律，并明确一个基本的原则：股市不可能永远涨下去，也不可能永远下跌，人们需要把握好投资或者抛售的时机。

——控制好自己的情绪，任何时候都不能冲动行事，避免落入市场先生挖好的陷阱。

投资往往也是一种心理博弈，散户必须和庄家进行博弈，了解庄家的操控手段和目的，尽量避免落入庄家挖掘的陷阱。比如，很多庄家会疯狂购买股票，然后引发市场上的跟随，等到股价被推高之后，他们就会选择抛售，此时那些在高位买入股票的跟随者就会面临巨大的风险，因为随着庄家的撤离，市场很快就会冷却下来。不仅如此，散户还要和散户进行博弈，考虑到庄家都在挣散户的钱，那么散户要做的就是尽量避免成为被收割的那一位，同时也要想办法从其他散户那儿获取利益，而最简单的方式就是逆向操作，特别是在股市大涨或者股市大跌的时候，选择和大部分股民相反的操作模式，即在股票不断上涨的时候，选择及时退出，将风险转嫁给那些追加投资的人；当股价不断下跌时，在一个合适的价位上买入，确保自己可以以更低的成本捡漏儿。

不过，无论是贪婪还是恐惧，最重要的是要提升自己的分析能力，只有对相关股票的基本面进行分析，只有对相关投资的状况有一个明确的认知，投资者才能够做出最有利的选择。

保持独立，避免跟风投资

2012年，巴菲特在写给股东的信中说了这样一段话：“在过去15年，互联网股票和房地产业都已经证实了这一理论：起初明智的理论加上广为宣传的价格上升能够创造出惊人的多余需求。在这些泡沫中，许多起初持怀疑态度的投资者最终屈服于所谓市场的证据，而购买者群体的扩大在一段时间内足以使得这场盛宴持续。但泡沫吹得大了不可避免会破裂。那个时候那句古老的谚语又将得到证实：明智的人开头，蠢蛋收尾。”

巴菲特向来不喜欢投资互联网和地产，就是因为这两个行业内的大部分投资者都对行业不了解，他们只是单纯地看到有利可图就选择进入，结果常常成为行业内“击鼓传花”游戏的接盘者（先入市场的人炒热了市场，炒高了价格，而后入者则在高价位上接盘）。在巴菲特看来，任何一个行业只要拥入了大量的跟风者，最终就会产生泡沫，而泡沫就总会有破裂的一天，就看看是哪一天破裂，又会在谁的手上破裂。所以他一直以来都在试图和大众的选择割裂开来。在他看来，如果一个项目非常挣钱，那么就要趁别人还没发现的时候进入市场，错过最佳时机之后还不如不进入，毕竟在人多的地方，并不适合钓鱼，因为人多了，鱼就会少。

跟风投资是一个大忌，但还是有很多人愿意以这样的方式进行投资，这种跟风往往有几种情况：第一种是潮流趋势，一般是指产业兴起或者行业出现风口，导致大量投资者争先恐后抢占市场。像房地产、电商、短视频、直播都引发过创业潮，大量投资者选择跟风投资。第二种是区域市场内供不应求，当某个市场出现某种畅销产品且供不应求的时候，往往会有很多人快速进入市场。第三种是模范效应，当某个人在某个行业获得成功时，周边的人就会以他为榜样和模范进入市场，而丝毫不理会自己是不是适合做这一行，自己是不是有能力做好这一行。第四种就是纯粹的跟风，一般来说，这样的投资者没有什么投资经验，对市场也不了解，甚至对自己也没有什么清晰的定位，只是单纯地想要寻一个项目试试运气，因此他会选择跟着身边的亲人、朋友或者邻居投资，哪怕对方也对投资的行业不了解，他也照样会跟进。

跟风投资的人往往缺乏独立意识，他们对于自己需要做什么，应该怎么做并没有一个明确的规划。当自己产生投资想法的时候，首先考虑的是：别人在投资什么，当前什么项目最火爆，我身边有没有人在做投资，是否在某个项目上获得成功，而不是想着自己适合做什么，自己应该去投资什么。当关注点落在别人身上的时候，跟风投资就不可避免地会出现，而这种跟风投资并不是那些非专业人士会犯的错误，很多专业的投资人也会犯类似的错误，他们常常会在某些所谓的好项目面前失去理智，选择跟随别人一起投资。

巴菲特在多年的投资经验中总结出了一个基本道理，那就是无论什么时候做投资，无论投资什么项目，首先要做的就是独立分析，这是最重要的一个环节。他投资可口可乐、比亚迪、苹果公司、喜诗糖果之前都经历过长时间的观察和思考，甚至有一些项目并不是他乐意投资的，他有自己独立的分析流程和想法。在每次面对一个潜在的项目和企业时，他会首先了解这家公司之前几年甚至几十年的发展状况，了解其内在价值，然后针对其市场上的表现做出反应。他很少会跟着别人去做投资，而是根据行业环境、公司内在价值、自身能力范畴等诸多因素进行分析，以确保自己不会盲目犯错。

对于普通投资者来说，也要避免跟风，这是有效控制风险的一种基本形式。

要做适合自己的项目

无论是投资还是创业，最重要的就是做最适合自己的事情，这里强调的“适合”包含了几个意思：首先是做个人能力范畴内的事，对于自己能力之外的投资，一定要避而远之，即便这些投资的回报率非常高；其次是做自己最擅长的事情，一般是专业范畴内的投资，这样可以提升成功率，并且强化对风险的控制能力；再次就是做自己最需要做的事情，这种需求有很多种，比如为了锻炼自己的能力，为了丰富自己的投资组合（避免关联投资和同类型投资），等等。

必要的分析

巴菲特说过，持有股票或者投资某个项目，就是拥有了该企业的一部分，那么在投资的时候就应该对这个企业的运作机制有一个基本的了解，看看自己是否理解企业的发展模式，看看自己是否有能力做好投资。此外，投资者必须从企业的长远发展来考虑，如果一个企业不具备长远发展和持续盈利的能力，那么投资这个企业时就要三思而后行。

要掌握最基本的投资知识

投资的盲目跟风有时候和投资知识匮乏有关。不明白投资基本原理和一些基本操作方法的人，往往会选择相信和依赖别人，而他们也常常是最容易出现亏损的。因此，想要避免出现这一类跟风投资，最有效的方法就是努力提升自己，学习投资知识，掌握投资方法，借鉴更多的投资经验，只有掌握了更加丰富的专业知识，才能够更好地做出分析。

对于普通投资者来说，保持独立的投资模式至关重要，无论别人有什么样的投资计划，无论别人有什么好的投资项目，无论行情怎么样，都要保持冷静的头脑，不要想着跟随别人的脚步，最适合自己的才是最有价值的。

消除投资惯性，保持理性的头脑

在1989年的致股东信中，巴菲特说道：“我最意外的发现是企业具有一种看不到的巨大影响力，我们称之为‘系统规范’，在学校时没有人告诉我这种规范的存在，而我也不是一开始进入商业世界就知道有这回事，我以为任何正当、聪明有经验的经理人都会很自动地做这样的决策，但慢慢地，我发现完全不是这么一回事。相反，理性的态度在系统规范的影响下都会慢慢地变质。举例来说：（1）就好像是受牛顿第一运动定律规范，任何一个组织机构都会抵抗对现有方向做任何的改变；（2）就像用工作来填满所有的时间，企业的计划或并购案永远有足够的理由将资金耗尽；（3）任何一个崇拜领导者的组织，不管有多离谱，它的追随者永远可以找到支持其理论的投资评估分析报告；（4）同业的举动，不管是做扩张、并购或是订定经理人待遇等都会在无意间彼此模仿。是习惯的力量而非腐败或愚蠢，误导他们走上这条路，也因为我忽略了这种习惯和规律的力量，使我为这些所犯的错误付出高昂的代价。之后我便试图组织管理伯克希尔，尽量降低此规律的影响程度，同时查理跟我也试着将我们的投资集中在对于这种问题有相当警觉的公司。”

巴菲特发现这种系统规范的力量严重影响了人们的判断能力和执行能力，比如很多大型基金的经理人才智超群，能力出众，他们还拥有一个非常出色的团队，一大批优秀的下属，拥有优质的资源和人脉关系。他们的投资经验加在一起也都有几百年了，但是业绩常常一团糟，以至于有人嘲笑他们“并不是拥有几十年的工作经验，而是一年的经验，重复了几十年”。

为什么这些大型基金的业绩难以比过道琼斯指数这种无人管理的指数呢？为什么一群聪明人在一起反而无法实现经验的互补和累加呢？巴菲特认为并不是因为经理人的能力不行或者品行有很大的问题，而在于一些团队内部形成的思维偏见和错误。他总结了几点原因：“集体决策——这或许是我的偏见：我认为，所有成员共同参与决策，投资管理工作就几乎不可能达到一流水平；潜意识地遵从声誉卓著的大型投资机构做出的投资策略以及投资组合配置；机构框架的束缚——他们总是认为平均水平会非常安全，因此声称必须从事‘安全’的投资的组织架构，在支付报酬时却仅仅根据回报率来决定，而不考虑该投资收益所对应的资产组合所面临的风险水平；不理性地、强制性地要求资产配置多样化和分散投资策略；最后一点，同时也是尤为重要的一点——惯性。”

在这里，实际上，无论是集体决策还是遵从投资机构的建议、遵守安全组织架构、盲目资产多样化，严格来说，其实都属于惯性的范畴。惯性是团队运作中的一个坏习惯，也常常是将企业推入深渊的罪魁祸首。正是因为惯性的存在，人们经常会丧失独立思考、分析和判断的能力，受到团队内部和外部的不良影响，最终出现一些让人感到迷惑的不当行为。例如，组织机构可能会在明知犯错的前提下拒绝做出改变；管理者会想办法通过新项目的扩张来消化现金，而仅仅是为了不让团队成员闲下来；下属为了迎合上级的需求，自然要源源不断地提供各种新项目的可行性报告，他们甚至觉得其他公司也在做这个项目，一定会让本公司领导产生兴趣。为了确保自己不会落后，整个组织机构会效仿同行的扩张、收购、制订管理层薪酬计划等行为，而这些行为根本没有必要或者不适合自己。

比如，一些公司为了扩展规模和实力，喜欢通过收购和兼并的方式壮大自身的力量，对于这些公司的创始人来说，兼并是最好的扩张方式和最直接的投资模式，但兼并并不适合所有的公司和投资者。A公司可以通过兼并新的业务来强化自己的业务短板和技术短板，弥补自身产业链上的不足，这种兼并可以帮助A公司快速成长起来。此时，B公司和C公司的老板觉得别人都在收购，那么自己也可以通过收购来壮大实力，他们的下属此时就会猜测老板的心理，然后积极提供各种并购方案，于是各种并购行动开始展开，即便知道这些收购没有任何意义，他们也会继续执行下去。

又如，一些公司准备开发某个新项目，当这个项目拿出来讨论的时候，某个领导可能觉得可行，接下来，大家很快就纷纷点头同意，给出各种实施的理由，而没有人会真正花时间进行独立思考，对他们来说，保持独立性没有必要。大家非常喜欢在桌面上进行集体决策，但很多时候所谓的集体决策，其实就是指谁也不做决策，大家都在安心跟着别人走，根本不去思考和分析自己面对的问题，这个投资是否合理，这个投资是有利可图还是有很大风险，这个投资是不是最佳的选择，有没有更好的选项，他们并不关心。而一旦出现了错误的投资，他们总是想着“既然大家都犯了同样的错误，或者我犯了大家都在犯的错误，那么这个错误就是可以理解的”。这样的情况实际上会扩散到整个行业，竞争者与合作者之间同样会出现类似的决策，多数人都会这样去想：“他们也正在这样做，如果我不做，会不会显得太奇怪？”为了与外界保持一致，为了避免成为他人眼中的异类，企业家或者投资人会尽可能向其他人靠拢。

在惯性的驱使下，投资者并不在乎自己做了什么，而在乎自己有没有去做这件事，只要开了一个头，或者有人做了一个引导，那么就会惯性地产生一种“把事情做下去”的冲动。它可能是由内部的一些官僚机制引起的，是一种内部的盲从和不负责的工作态度引发的，也有可能会被外在环境的变动而催动。惯性的本质是一种没有独立思索和独立分析的行动。对于投资者来说，想要提升投资的成功率，想要让自己把握住更多更好的机会，就要消除投资惯性。

第一，保持冷静的头脑，认真分析自己面临的情况，了解自己公司的基本面，将自己与其他人区别开来。不要盲目与同行对比，甚至盲目模仿同行的举动，消除公司的“多动症”。

第二，管理者必须精准定位自己的能力，看看自己能做什么，不能做什么，不要过高估计自己的能力，控制自己做事的欲望，不能为了做事而做事，避免出现“别人能做，我也能做”以及“别人在做，我也要做”的不良心态。

第三，管理者要注意内部的沟通，打造一个高效的沟通机制，防止下属盲目猜测管理者的心理，避免内部形成一股不理性的决策风潮。

总而言之，投资者以及投资机构中的每个人都要明确自己的真实需求，了解自己的真正实力和所处的环境，找到最适合自己的定位，防止被市场带偏节奏，这样才能够保证不会形成投资惯性。

不要被所谓的专家和助理欺骗

2008年，巴菲特在致股东的信中特别谈到了保持投资独立性的问题。他认为很多人相信并乐于倾听“投资助理”的建议，实际上是将自己推向一个糟糕的境地。“每个人很自然地期望收益超过市场的平均水平。那些‘投资助理’由衷地鼓励和灌输他们的客户这种观念。但是作为一类雇用这些投资助理的群体，他们的收益一定是低于平均水平。原因很简单：（1）所有投资者都不可避免赚到：一个平均的投资回报，减去交易费用；（2）被动型投资者和指数投资者，由于从头至尾他们的交易很不活跃，他们赚到的收益是平均收益水平，减去一个非常低的交易费用；（3）在赚取市场平均收益的群体中，剩下的一部分就是交易活跃的投资者，但是这个群体也因此会招致高额的交易、管理和顾问咨询费用。所以交易活跃的投资者，相比他们那些不活跃的‘同胞’，会抹去很大一部分投资回报。这意味着：‘懵懂无知’的被动型投资者（与他们相比）一定会胜出。”

为什么巴菲特如此不待见那些所谓的专家和投资助理呢？为什么巴菲特会建议人们减少对投资助理的依赖呢？原因就在于那些专家或者投资助理往往都是自私自利的人，对于市面上盛行的各种投资建议，巴菲特毫不犹豫地揭露了真相：“人类的行为不会改变。富有的个人、养老基金、捐赠基金等仍然会认为，他们应该获得一些‘额外’的投资建议。”

2007年，巴菲特对之前10年的投资手续费进行了有效的计算和分析，经过粗略的估算，他发现那些所谓的投资精英在寻求优质的投资建议方面已经造成了大约1000亿美元的浪费，人们将这些钱给了那些“经验丰富”的经理人，却没有获得相应的报酬和收益。投资人痴迷于相信那些专家、顾问和经理人的建议，认为付出的代价越昂贵也就意味着那些建议的价值越高，却丧失了自我分析和判断的能力。反倒是华尔街的那些投资机构和经理人，在管理数万亿美元的巨额资产时，因获得了不菲的佣金而成为最终的获利者，那些将资产交给他们打理的客户成了冤大头。

类似的情况在现实中非常普遍。比如，2020年下半年，中国股民的数量就突破了1.7亿，但大部分股民其实并没有投资的能力，他们既不了解投资的一些基本知识，也不知道投资的方法，对于股市的规律更谈不上有所把握。更多时候，他们喜欢倾听别人的建议，而其中就有很大一部分人选择听从所谓的专家和助理的建议。无论是电视台，还是书刊，或者是一些付费知识网站，都会有一些人打着专家的旗号进行欺骗，收取不菲的咨询费用和佣金。这些所谓的专家以及相关的专业咨询机构，完全处在优势当中——当股票真的因为上涨而产生收益时，他们可以获得不菲的收益，可是当股票下跌而产生亏损时，他们却不用承担任何损失。这种不合理的设定本身就为他们的行骗创造了更大的便利。

X先生是一个炒股小白，对炒股知识一点也不懂，但是看到周围的朋友和同事都在炒股，一些人甚至两三年时间就买房买车，这让他有些心动。某次，他从朋友那儿得知了一个股市分析师，据说这位专家替不少人分析行情，有几个人还因此在股市中发了财。X先生于是非常迫切地加入了一个有关炒股咨询的微信群，他花费300元成为会员，然后有一个自称导师的人给他讲解投资炒股的基本知识，并且还找到了很多接受指导的学员讲述自己的投资经历。

一段时间之后，导师开始推荐一些优质的股票，这些优质股票被分成三个等级：一级股票、二级股票、三级股票。想要了解一级股票，就要支付500元；想要了解二级股票，就要支付1000元；想要了解三级股票，就要支付2000元。据说级别越高，收益越大。X先生没有任何犹豫，直接支付给导师2000元，让对方告知三级股票的相关信息，然后他直接投资了50000元购买了这些股票。结果几个月以来，这些股票一直往下跌，X先生直接损失了50000元的股本。X先生觉得有些失落，于是准备找导师了解详细的情况，结果直接被导师踢出微信群，个人也被微信拉黑，这个时候X先生才意识到自己上当受骗了。

在现实生活中，有很多类似X先生的人，他们总是渴望可以通过一些专业性的指导，获得更多更好的投资机会，或者快速掌握成功投资的技巧，但一个真正可笑的逻辑是：如果这些人真的对股市了若指掌，能够给出正确的建议，他们自己为什么不去投资呢？相比于收取咨询费用，自己投资不是盈利更多吗？

一个不可忽视的事实是，每一次出现股市大跌之前，多数所谓的投资助理都没有准确做出预测，他们反而成为推动股市继续疯狂的帮凶，这些专家要么是别有用心，要么就和普通的盲从者没什么两样。巴菲特就说过，自己并不在意那些专家的话，也从来不会去从他们那儿听取什么建议。在他看来，真正稳健的投资就需要自己进行分析，需要自己做出判断，依赖投资助理往往只会让自己失去掌控节奏、把握股市规律的机会。

对于投资者来说，他们必须确保自己能够在一个相对安全可靠的区域内了解投资信息，并且在信息整合之后做出自己的分析和判断。

首先，要和那些投资专家、投资助理保持距离，拒绝加入所谓的“专家群”和“荐股群”，最好也不要进入那些全是陌生人的付费交流群，里面往往存在各种托儿；拒绝“专家”推荐的“优质股”，原因很简单，有好的股票，专家不可能拿出来分享，而且他们推荐的优质股不可能真正做到低风险、高收益；拒绝专家所谓的股市分析和盈利图，这些分析基本上都很片面，不具备参考性，甚至有可能是伪造的，存在欺诈的可能性；不要轻信那些专家提供的炒股方法和投资平台，那些好的方法和平台多半也是假的，目的是引诱投资者上钩；拒绝专家提供的内部消息，所谓的内部消息往往也是假消息，甚至有可能就是陷阱。总而言之，就是不要轻易相信那些专家和助理，因为他们的最终目的是赚取更多的咨询费。

其次，要注意依靠自己的能力进行分析，依靠自己掌握的知识和信息进行判断，决定自己应该怎么选股，决定自己应该如何操作。可是如果自己对相关项目一点也不了解，也不擅长该领域的工作，那么最好的方法就是远离。有时候可以适当听取别人的意见，但一定要有自己的主见和想法，要有自己的逻辑和标准，不能迷信他人，尤其是那些自称专家的陌生人。

最后，想要避免上当受骗，就需要积极拓展自己的信息渠道，了解相关行业、相关企业更多的信息，同时要具备强大的信息搜集和整合能力，懂得如何挖掘那些有价值的信息，分辨和过滤那些虚假的、无价值的信息。

在投资中，信息、能力、平台、经验是非常重要的元素，而这些元素往往需要依靠自身的积累，需要通过不断的学习和实践来掌握，投资者可以倾听各种不同的声音，可以了解更多成功者的经验，但盲目相信他人的经验，甚至直接按照别人的指导投资，很容易遭遇失败。

拒绝谣言的干扰，尽量做到眼见为实

1964年1月，巴菲特在谈到1963年的业绩时说道："得州国家石油是一家比较小的石油生产商，很多年前，我就对这家公司有印象。1962年年初，有传言它要向加州联合石油（Union Oil of California）卖盘。我从来不根据传言操作，但是这次传言是真的。要是我听到传言时就买，不是等到公告出来才介入，我们能赚到远比现在更多的钱。这个钱让别人赚吧，我不赚。"

信息是投资中最重要的一种工具，但并不是所有人都可以把握住准确的信息，也并不是所有人都可以挖掘出有价值的信息，对于多数普通投资人来说，他们很多时候都无法获得更多的优质信息，正因为对高价值信息的渴望，使得他们经常会遭遇一些虚假信息的困扰，而且无法判定信息的真伪。也许很多人会认为法人机构和富有经验的投资人、高薪的职员能够成为金融市场稳定与理性的力量，但事实往往并非如此，他们也有不理性的时候，也会受到市场中各种谣言的影响。

巴菲特讲过老师格雷厄姆几十年前所说的一个寓言故事：有个老石油开发商有幸升入天堂，在天堂门口，他见到了圣彼得，圣彼得给了他一个好消息和一个坏消息，好消息就是他可以升入天堂，坏消息就是天堂里的石油开发商名额已经满了，除非老石油开发商愿意换一个身份。

老石油开发商想了想，对圣彼得说道："让我和他们讲一句话可以吗？说完我就走。"圣彼得觉得没什么，于是答应了他的请求。结果老石油开发商往天堂的门内大喊："地狱里发现石油了。"结果话音刚落，天堂的大门立刻被人打开，所有的石油开发商都争先恐后地奔向地狱。圣彼得见到这样的情景，忍不住连连称赞，于是发出了邀请："好吧，现在你可以进去了。"可是老石油开发商顿了一顿，说道："不，我还是跟他们一起去地狱比较妥当，传言有可能是真的。"

听起来，这更像是一个笑话，但是在现实生活中，类似的谣言可能真的存在，人们在搜寻各种信息的时候，对于一些模棱两可、真假难辨的信息，往往会非常在意，抱着"宁可信其有，不可信其无"的想法，他们做出的决策往往会被谣言干扰。而股市以及其他行业中之所以经常会出现谣言，就是因为它们符合股民或者投资者逐利的情境。大家都需要用一些高价值的信息来支撑自己绝佳的市场判断和决策，考虑到信息不充分以及不对称，一些别有用心的人就开始利用信息编造的手段为自己谋利，比如吸引投资者上钩（庄家欺骗散户，企业造假欺骗投资者），又如误导和欺骗竞争对手做出错误的判断。而由于市场信息永远处于匮乏状态

（永远都有信息需求），这些被伪造的信息常常可以轻易俘获人心，赢得很多人的关注。

社会心理学家奥尔波特对谣言有着多年的研究，他发现一个谣言的强度往往和事件重要性以及事件带来的信息模糊性有关联，所以提出了一个公式：R（谣言强度）=I（事件的重要性）×A（事件的模糊性）。对于投资者来说，很多谣言本身都关乎商机，这些投资项目往往非常重要，只要大家对这件事情的了解程度都不高，即信息不充分，那么造谣者就可以依据这个投资项目制造一些大家迫切需要但是都不了解的信息。比如，造谣的人往往会以“内部消息”“最新披露”“权威数据”之类的话来骗人，因为普通人根本无法接触到这类重要的信息，在这种情况下，谣言自然就很容易在投资行业发酵。

其实，想要真正摆脱谣言的干扰，那么就一定要建立起更加可靠的信息渠道，有更加出色的信息辨别能力。比如，投资者对于非正规渠道发布的信息，要持怀疑态度，不能轻易相信，尤其是对那些打着“内部消息”旗号的信息，更要保持警惕。为了验证这些消息是否可靠，可以对相关的企业或者股票进行验证。比如，当某只股票出现了一些利好的消息时，投资者可以观察股票的成交量是否放大、资金是不是正明显流入、短线上股价是不是开始向上反弹、股价下跌之后是不是能够迅速上涨。如果出现了以上一种或者几种情况，那么就证明这些利好消息还是有一定的可信度的。如果没有相应的证据来验证消息的真实性，那么就可以认定这些消息不可靠，选择谨慎对待。

2007年，国家统计局在召开第一季度国民经济运行情况发布会时，出于工作安排上的原因，直接将发布会召开时间从上午10点改为下午3点。这个通知下达之后，股市当中立即有人开始传播消息，说发布会时间之所以安排到下午3点，是因为股市下午3点收市。结果这个消息引发了行业震动，股价持续下跌。此时又有自称内部人士的人散播消息说，股价下跌是为了给2008年北京奥运会留出足够的空间，这样的消息无疑让股价进一步下跌。

M先生在那个时候觉得股价还会持续下跌，于是立即抛售了自己手中的股票，虽然亏损了几万元，但至少要比持续下跌带来更大的损失要强。可是几天之后，官方发布公告辟谣根本没有这回事，股价也不应该下跌。公告发布之后，股价迅速上涨，M先生因此错过了绝佳的投资机会。

对于投资者来说，类似的谣言几乎每年都会出现，很容易误导投资者做出误判。因此，对于那些无法掌握验证方法的投资者来说，还是应该坚持从正规渠道接收信息，尤其是了解目标企业内部发布出来的一些财务报表、年报，以及一些重要的文件和公告，只有亲眼见到这些信息，才能够将其作为投资的依据。此外，一些政府颁布的政策性文件和官方平台发布的行业消息，也是比较理想的信息，参考价值比较大。巴菲特每年都会阅读其他公司的年报以及公布的财务报表。在他看来，只有公司自己发布的信息才值得阅读与相信。

需要注意的是，很多投资者担心企业会造假，反而对企业发布的一些公报数据持怀疑态度，他们更容易被一些非正式渠道的消息所迷惑。所以人们还是应该具备一定的分辨能力，尽可能全方位了解目标公司的信息，这样就可以进行有效评估，而且人们最好选择一些信誉度高、品牌效应好的公司，它们发布的信息更加可靠。另外，对于那些担心企业会造假的人而言，他们有必要建立起更加独立、更加完善的投资思维。

不要试图去预测市场

1966年7月2日，巴菲特在致股东的信中再次重申了自己不做市场预测的立场："市场预测'基本原则'第六条：'我做的是投资，不是预测股市涨跌或经济波动。如果你觉得我能预测出来，或者认为不预测就做不了投资，合伙基金不适合你。'有人可能会说这条原则模糊、含混、不明确。我个人认为，绝大多数合伙人明白我说的是什么意思。我们买卖股票，不管别人对股市的预测（我从来不知道怎么预测），只分析公司的未来。我们什么时候对，主要取决于股市的走势。我们到底对不对，主要取决于我们对公司的分析是否准确。"

巴菲特并不赞成对市场进行预测，一年以后的道琼斯指数究竟会怎样变化，人们根本无法准确预测。美联储前主席格林斯潘也谈到过这个问题，他非常直白地说："传统预测总体经济发展的计量经济模型，在最需要它的时候失灵了。到底哪里出了错？为什么几乎所有的经济学家和决策者都眼盲心盲，没看到灾难的来临？怎么这么多的专家，包括我在内，未能看到它接近？”

同样地，1987年美国股市大跌之前，金融大鳄索罗斯认为股价虽然处于高位，但仍旧会继续上涨，结果这样的预测使得他管理的量子基金在短短一周内损失了3.5亿美元。美股的突然暴跌，让索罗斯忍不住自嘲：“我在金融上的成功与我预测事件的能力完全不相称。”

很显然，很多人都喜欢预测市场，并希望从这种预测中规避风险，寻求更好的投资机会，但预测市场本身就是一个伪命题，事实上，人们也无法从预测中获得真实有效的信息。很多所谓的预测市场的金融工具，都是不完善的，也是片面的，根本无法从全局了解市场会怎样发生变化。而那些声称能够预测市场的人，往往只是为了诱惑他人支付不菲的咨询费，所谓的预测在市场变化面前同样不管用。人们必须坚信一点，市场预测根本就不可行，操作起来非常复杂，而且基本上没有什么效果，其原因就在于：

市场发展特性：市场发展本身就具有起伏的特性，这种特性是任何事物发展过程中都存在的。正如巴菲特所说的那样，人们只能预测到股价上涨或者股价下跌一定会发生，但没人能够说清楚什么时候发生，因为市场一直处在不断变动的发展态势之中，人们的分析往往只能停留在某一个固定的点或者截面上，任何一种所谓的数据分析都是静态的，只符合某一个时间点，下一秒钟也许就会发生变化。执着于具体什么时候会出现涨跌，无疑违背了市场的发展规律。

无法了解他人的想法：市场上的变化实际上是由几千万人以及几亿人做出的决策引起的，尽管这些决策基于相似的信息，但每个人的决策实际上代表了自己对市场不同的看法和理解，正是这些不同决策和行为的相互作用，才形成了一个多变的市场。也许人们可以通过搜集少量的信息和数据做出判断，但没有人可以了解所有人的想法，没有人可以准确把握其他人为什么要这样做，建立在少量数据分析基础上的预测根本不可靠。

意外事件的影响：关于市场预测的规律性分析并不完全合理，市场发展只有一个大致的曲线，但这个曲线本身在各个阶段也会出现变动。因为任何一个外在的因素都可能会影响市场走向，就像谁也无法在2019年预测到美股在2020年年初会出现熔断，无法预测新型冠状病毒肺炎的暴发，也无法预测到2021年巴以冲突对股市的冲击。

正是以上几个原因，使得市场预测变成一个吃力不讨好的工作。很多预测者实际上并没有真正把握住市场发展的真实情况，他们的投资并没有比那些没有做预测的人表现得更好。

王女士是一位金融分析师，曾在美国一家投资机构上班，回国后开始自主创业，并且经常和朋友一同炒股。作为一位拥有专业知识的投资者，王女士对自己的知识和能力非常自信，觉得自己可以挖掘出股市的发展规律，并且对潜在的波动进行预测，也就是说她知道什么时候股票会下跌，什么时候股票会上涨。但事实上，炒股多年来，王女士的预测并不灵验，几乎还达不到20%的成功率，反倒是那些非专业的朋友，投资的成功率比她还要高一些。

事实证明，即便是顶级的投资人和经济学家，也无法对市场做出精准的预测，那些执着于预测市场的人实际上都陷入一种静态的数据分析和惯性的经验指导当中，他们对于市场的分析往往也不够全面，更别说要在不断变化的市场中考虑诸多意外因素了。2007年10月，上海证券交易所的股票指数直接攀上6000点，许多股评家和投资人开始预测市场走势，多数人认为上证指数最终会突破10000点，即便后继乏力，至少也会有8000点。由于大家普遍看好，不少投资者投入大量资金，结果很多人在高位上被套牢。但事实上呢，几乎没有一个股评家做出了正确预测，谁也没有想过上证指数会疯狂下跌到2000点以下。一些稍微理性的投资人认为股市太热，上证指数应该会适当下跌一点，也许会在6000点左右的位置上下波动，这样的预测也是错得离谱。

很显然，市场就是不可预测的，至少不能精确预测，人们或许更应该保持理性，以正确的方式来应对市场。

首先，人们只需要了解某件事在未来一定会发生，而不用试图精确地预测是明天、后天，还是几个月以后。了解可能会发生的事情无疑能够帮助人们制定风险控制的相应措施，但是总是想着什么时候会产生亏损，无疑会分散自己的注意力，无法采取长期投资策略。

其次，人们需要保持一颗平常心看待市场的变动，要意识到肯定会出现一些自己不希望遇到的状况，意识到肯定会遭遇行情下行或者亏损的情况，只要自己认为这只股票或者项目值得长期投资，那么就不用在意那些波动，更不用去预测。

最后，市场是不可预测的，与其花费时间进行市场预测，还不如强化对标的公司的了解和分析，通过对企业的基本面进行分析，通过更长时间的追踪和验证，来挖掘那些高质量的公司。或者投资者可以花费更多时间做一些市场调查，了解行业的发展状况和产业环境的变化，从宏观上把握投资的方向。

波动并不意味着就是市场风险

在谈到风险的时候，巴菲特说过这样一段话：“学术界对于风险的定义实在是有点离谱，甚至于有点荒谬。举例来说，根据Beta理论，若是有一种股票的价格相对于大盘下跌的幅度更高，就像是我们在1973年买进《华盛顿邮报》股份时一样，那么其风险远比原来高股价时还要更高，那么要是哪天有人愿意以极低的价格把整家公司卖给你，你是否也会因为这样做的风险太高，而予以拒绝呢？事实上，真正的投资人喜欢波动都还来不及，格雷厄姆《聪明的投资者》一书的第八章便有所解释，他引用了‘市场先生’理论，‘市场先生’每天都会出现在你面前，只要你愿意都可以从他那里买进或卖出你的投资，只要他老兄越沮丧，投资人拥有的机会也就越多。这是由于只要市场波动的幅度越大，一些超低的价格就更有机会出现在一些好公司身上，很难想象这种低价的优惠会被投资人视为对其有害。对于投资人来说，你完全可以无视于他的存在或是好好地利用这种愚蠢的行为。”

1997年，巴菲特甚至直接告诉股东，保险公司希望降低自身所承担的盈余变动带来的风险，而伯克希尔公司有义务将这些盈余变动的风险转移到本公司的账上，公司对此不用太过于介意，因为自己和芒格宁可接受上下变动但平均可达15%的结果，也不要平稳的12%。巴菲特认为公司每天的盈余变动都不会是一样的，这很正常，人们没有必要强求它必须像地球围绕太阳转动那样保持一致。

他还提出了自己的观点，认为公司营业收入肯定会出现变动，没有任何起伏的公司往往缺乏活力。因此，他告诫股东要保持战略耐性，要对潜在的亏损和风险具有一定的包容，不能一出现较大的亏损就选择放弃，以平常心看待起伏是一个优秀投资人必备的素养。

林先生在2014年购入了比亚迪的股票，可是在这一年，比亚迪公司的股价并不很稳定，经常会下跌。当时有传言说巴菲特不看好比亚迪的发展而即将减持，这个消息直接导致12月19日，A股跌停，港股也下跌了28.84%。但是林先生认为以巴菲特过去的投资方式来看，不太可能减持，而且即便减持，长期来看也不影响比亚迪股价的增长，因为比亚迪代表的新能源汽车迎合了未来市场的需求，它的内在价值就在那儿，这是任何人都不能否认的。正因如此，林先生认为比亚迪的股价可能存在波动，甚至会出现一定程度的下跌，但是从长远发展来看，必定会爬上一个很高的位置。果不其然，随着比亚迪澄清了巴菲特减持的虚假消息，比亚迪的股价随之上涨。而持股多年来，比亚迪股价时有波动，林先生一直没有抛售股票，反而趁机追加股票。而到了2020年年底，这些股票已经给他带来了好几倍的收益。

其实投资者对于市场波动的恐惧，往往在于他们错误地定义了市场风险，总是觉得股价下跌就意味着公司发展不佳。但巴菲特并不这么看，为了避免被市场波动影响，他认为人们有必要重新定义风险：投资的风险并非被Beta衡量（华尔街以此衡量波动性以及风险），而是由概率衡量（合理的概率），即投资导致其主人在持有期间损失的购买力的概率。按照这样的定义，当资产价格经常大幅波动时并不用太过于担心，重要的是确信在持有这些股票期间内，它们可以提供增加的购买力。只要满足这一点，那么这些资产的风险就不算高。反过来说，如果无法提供增加的购买力，那么即便是一个波动性小的资产，也充满风险。

市场先生常常会借助波动性来欺骗投资者，迫使投资者做出错误的判断。比如，一只优质股票可能会从一开始的3元上涨到5元，然后下跌到4元，这个时候，很多人就会感到恐惧，认为这只股票不好，充满了风险，于是果断抛售。但几天之后，这只股票还会上涨到5元，并且继续上涨到7元。市场先生会通过制造波动来扰乱投资者的分析和决心，如果不具备价值分析能力，不具备投资的耐心，那么就会误以为是风险的到来。

事实上，没有什么股票会一帆风顺、平平稳稳，世界上最好的公司、最优质的股票，也一样会存在波动。对于投资者来说，最重要的是看长期发展的趋势。比如，看这只股票最近一个月、最近一年的成长趋势，看看整体趋势是上升的还是下降的。一般来说，时间跨度越长，这个趋势也就越有说服力。

巴菲特为了克服市场波动带来的干扰，会尽可能选择优质股，然后长期持有股票。对于长期持有的人来说，一时的起伏和波动根本不会造成什么影响，他们可以安心地做投资，而不用花费时间和精力去关注一时的波动。因为当一个人将自己的投资时间跨度延伸到5年、10年甚至50年的时候，一两天内或者一两个月内的波动根本不会产生什么影响。

此外，为了避免受到干扰，巴菲特尽量不去了解市场的波动。对于多数投资人而言，他们过分关注股价波动，每天盯着电脑或手机，这分散了投资的注意力，导致自己经常会忽略一些重要的细节，而且会对心态产生影响。相比之下，巴菲特做的可要决绝多了，他的办公室干脆连电脑也给撤走了，所以他根本没有机会通过电脑看股票行情，自然无法时刻盯着股价去做波段了。

当然，并不是所有的波动都不会带来风险。比如，一些企业遭遇了突发状况，或者被爆出存在欺诈行为，从而引发了股价波动。这种波动往往是一个非常危险的暗号，因为企业可能会进一步出现下跌的情况，投资者应该做好防备。但是对于那些准备长期持有的优质股来说，完全可以不必理会那些波动。

第二章

寻找竞争优势，定位企业发展的“护城河”

投资那些具有超强品牌影响力的企业

“如果我能确定，我确定市场会成长，我确定领先者依然会是领先者——我指的是世界范围内，我确定销售会有极大的增长，这样的对象，除了可口可乐之外，我不知道还有其他公司可以做得到。”

“可口可乐与吉列近年来也确实在继续增加它们全球市场的占有率，品牌的巨大吸引力、产品的出众特质与销售渠道的强大实力，使得它们拥有超强的竞争力，就像是在它们的城堡周围形成了一条护城河。相比之下，一般的公司每天都在没有任何保障的情况下浴血奋战。”

以上两段话都是巴菲特称赞可口可乐公司的内容，如果让巴菲特挑选一家自己最喜欢的公司，那么可口可乐绝对会在这个名单的前三名，而他之所以会如此看重可口可乐，就是因为可口可乐拥有无与伦比的竞争优势。虽然很多企业都具备很不错的发展势头，但是这不一定会变成优势。巴菲特说过：“对投资来说，关键不是确定某个产业的影响力有多大，或者这个产业将会增长多少，而是要确定任何一家选定企业的竞争优势，而且更重要的是确定这种优势的持续性。那些所提供产品或服务具有强大竞争优势的企业能为投资者带来满意的回报率。”那么什么样的企业具备这种持续竞争优势呢？在巴菲特看来，类似于可口可乐、吉列、沃尔玛这样的公司就可以做到，它们具有非常强大的品牌，仅仅依靠品牌影响力，就能够顺利开拓市场，并长久保持市场竞争优势。很多时候，相比于产品的使用价值和价值，品牌的重要性往往还要更高。

品牌成为巴菲特选股的一个重要指标，也成为衡量企业价值的一个关键因子，而事实上，普通人对于品牌的追求同样热切。在日常的消费模式当中，品牌常常会成为大家消费购物的一个重要参考标准。比如，很多人买衣服和手提包会购买名牌，许多人买车子也会选择那些豪华品牌，甚至于在饮食上也会选择那些具有品牌影响力的食品。品牌的影响力已经成为产品价值的一部分，甚至远远高于产品最初的价值。

为什么耐克鞋可以卖到全世界？是因为它的质量比其他鞋子更好吗？苹果手机为什么卖得那么贵，还能够受到全球粉丝的关注？难道它的技术真的领先其他手机一大截吗？为什么同样质量的车子，豪车品牌的价格要比普通车子高出几倍之多？真的是因为豪车拥有最佳的配置吗？很多名牌产品的使用价值并没有比普通产品更好，但品牌给予了它们更高的价值和市场关注度，使它们建立起更大的竞争优势，对于那些建立起超强品牌影响力的公司来说，这种优势会更加明显。以可口可乐为例，在2019年，可口可乐占据了50%的全球碳酸饮料市场份额，老对手百事可乐只占18.3%。在中国市场，可口可乐占据了碳酸饮料市场59.5%的比例，而百事可乐只有32.7%的市场份额。百事可乐非常优秀，但是可口可乐的品牌影响力无疑更大，这种强大品牌使得可口可乐公司的市值一直占据饮料界的第一位。

投资者应该明白品牌的重要性和价值，了解它在市场上的效应以及消费者的需求，因此需要想办法投资那些具有超强品牌影响力的企业，需要重点在那些拥有强大品牌的公司里寻找合适的目标。

比如，选择一些行业领先的企业，这样的企业通常具有较高的影响力，依据发展的规模和市场地位就能够形成强大的影响力。相比于一般的品牌，行业第一或者第二，本身就带有很强的光环，投资前景会非常不错。就像现在一样，投资任何一个行业内的前两名或者前三名，都会获得相对不错的回报，关键还是要在一个合适的价位上。

又如，选择那样以高质量产品和服务著称的大品牌企业，这样的企业能够笼络大部分客户的心，毕竟产品和服务才能真正迎合客户需求。对于那些好的产品和服务，市场表现通常会很好，加上品牌加持，获利空间会很大。比如，大疆无人机之所以可以占据全球无人机市场70%的份额，就是因为技术出众，产品质量过关，而且价格非常公道，它在同级别技术的无人机当中，无论是技术还是质量都是最好的。美国曾联合西方各国对大疆无人机进行打压，妄图将其排除在欧美市场之外，但问题在于没有其他竞争对手拥有它这样的质量和技术优势，即便想要购买具备同等功能和技术的无人机，也需要花费数倍的价钱，质量还不一定有保障。也正因如此，那些投资大疆无人机的人显然获得了更好的盈利。

超强的品牌效应往往还体现在良好的品牌形象上，也就是说一家公司如果一直都保持良好正面的形象，拥有很高的行业声誉和社会声誉，那么它在市场上的地位，在投资者和消费者心中的印象都会非常好，大家都会认为购买它的产品和股票会非常安全。比如，当一个大品牌没有财务欺诈之类的污点，没有出现欺骗消费者的行为，没有各种有损社会价值观的情况，那么它的发展往往会非常平稳，市场反响会越来越好。

除了以上几点之外，投资者在挑选那些具有超强品牌的企业时，可以重点从差异化入手，简单来说就是选择那些拥有与众不同的竞争优势的企业，独特的经营内容，高人一等的技术，非同一般的服务，都会带来很强的关注度。比如，近年来传统的传媒行业受到了互联网的严重冲击，很多传统媒体面临严峻的生存压力，但是迪士尼和时代华纳是例外，它们依靠着强大的品牌始终能够立于不败之地，而这种品牌主要是建立在强大的IP与大量独家内容之上。这样的企业，具有强大而持久的竞争力，根本不缺乏投资者和客户。

总的来说，品牌是企业价值中最重要的元素，品牌影响力越大，市场关注度也就越高，投资的活力空间也会相对更大一些。但需要注意的是，并不是所有的大品牌都值得投资，只有真正依靠品牌效应建立起宽阔的“护城河”的企业才值得投资。

拥有经济特许权，也就意味着掌控了市场的定价权

“竞争战略之父”迈克尔·波特曾经提出了这样一个观点：竞争优势有两种基本形式，即低成本优势和差异化。巴菲特非常认同这个观点，而且一直都积极通过差异化的策略寻求具备竞争力的企业，他还提到了一个关键词：经济特许权。具有经济特许权的企业成为巴菲特的最爱，而在寻找这类企业时，巴菲特拥有自己的评判标准：“一项经济特许权的形成，来自具有以下特征的一种产品或服务：一、它是顾客需要或者希望得到的；二、被顾客认定为找不到很类似的替代品；三、不受价格上的管制。以上三个特点的存在，将会体现为一个公司能够对所提供的产品或服务进行主动提价，从而赚取更高的资本报酬率。不仅如此，经济特许权还能够容忍不当的管理，无能的经理人虽然会降低经济特许权的获利能力，但是并不会对它造成致命的伤害。”

在巴菲特看来，评估一家企业的一个重要指标就是定价权，如果这家

企业有能力提高价格，并且确保自己的生意不会被竞争对手抢走，那么就证明这家企业能够带来很大的收益。比如，喜诗糖果就拥有最终的市场定价权，即便涨价7%，也不会引发市场的过度反应，其他对手同样也无法抢走喜诗糖果的生意，因为大家认同这个品牌，并且认为它是难以替代的。1991年，巴菲特在巴黎圣母院给学生讲述了喜诗糖果的定价优势："喜诗糖果制造了一些有情感吸引力和身体吸引力的东西，现在情人节快到了，想象一下，如果你去找妻子或者爱人，然后递给她一盒糖果，说'亲爱的，我买了一份廉价的糖果'。事实上，在过去的19年时间里，每年的12月26日，我们都会提高喜诗糖果的价格，现在19年过去了，人们依旧在购买我们的糖果。每隔10年，我们也会尝试着将衬里（巴菲特投资的纺织业务）提高0.5美分，但他们就会将衬里扔给我。事实上，我们的衬里和糖果一样出色，但经营衬里工厂可比经营一家糖果公司困难得多。"

还有一次，有人问巴菲特应该如何区分可口可乐公司和宝洁公司，两者之间有什么区别。巴菲特想了想，回答说："宝洁的生意非常好，它拥有强大的分销渠道和大量知名品牌。要是你问我，我要是把我的所有资金都投入一家公司，20年不动，我会选宝洁还是可口可乐。其实宝洁的产品线更多元化，但是比较起来，我认为可口可乐的确定性比宝洁的确定性高。要是我在20年里只能投资宝洁一家公司，我可以接受。宝洁可以入选我最看好的公司中的前 5%。宝洁不会被竞争对手打垮，但是从将来二三十年看，在宝洁和可口可乐之间，我更看好可口可乐的销量增长潜力和定价权。现在可口可乐提价不太容易，但是你想想，每天卖出 10 亿多瓶，一瓶多赚 1 美分，一天就多赚 1000 万美元。我们拥有可口可乐 8%

的股份，其中 80 万美元的利润是伯克希尔的。可口可乐可以提价1美分，这个不难，我觉得可口可乐涨1分钱也不贵。现在可口可乐在大多数市场提价还没到时候。但是，假以时日，可口可乐每卖出一瓶能比现在赚得更多。我敢肯定，20年以后，可口可乐每卖出一瓶能赚得更多，而且可口可乐的销量也会比现在增加很多。我不知道可口可乐涨价能涨多少，销量能增加多少，但是我知道它的售价和销量都会往上走。”

在巴菲特看来，宝洁公司已经是一个非常优秀的公司，也是一个值得长期投资的企业，但是与可口可乐相比，它还有一个劣势，那就是不可能拥有可口可乐的定价权。

一般情况下，考虑到市场经济的一些自我运作规律，价格其实是不断变动的，但是这种变动和市场变化有关，而不能是商家的主观想法。简单来说，在一定阶段的市场环境中，价格其实是相对稳定和统一的，市场会约束和惩罚那些随意改变价格的人。政府有时候也会出手进行干预，比如像盐和醋这种生活必需品，政府是不允许它们胡乱涨价的，多数行业和业务都会受到政府的严格管制，即便是一些具有垄断性的业务，也会受到政府的严格管制，任何加入市场的人须获得政府的认同和批准，特别是公用事业。不仅如此，行业中的相关业务在价格制定上也会受到政府的约束，不能私自定价。

但一些具有竞争力的企业可能会拥有经济特许权，在市场上具有定价权，而且政府不会对其进行管制，自然这类企业在市场上会拥有更强大的话语权和更高的盈利空间。比如，苹果手机在世界上的销量可能只占据了第二位、第三位的位置，市场占有率一般是百分之十几，但是常常能够获得手机市场80%以上的利润。之所以会这样，就是因为苹果手机依靠自身强大的品牌效应和完善的生态系统，拥有足够的定价权。它可以将手机卖得更贵，但是市场仍旧会接受这种定价，其他的竞争对手则无法抢走更多的用户。

拥有经济特许权的企业往往具有很强的竞争力，是非常理想的投资标的，但是这类企业其实并不多见，投资者必须进行仔细的分析。比如看看这家公司的产品和服务是不是足够优秀，具有什么独特的吸引力，市场上有没有同等档次的替代品，该产品或者行业存不存在产能过剩的情况，这些产品和服务是不是必需品，价格有没有受到政府的管制，买家是集中的还是分散的，买家购买这些产品和服务的心理动机是什么，买家的消费习惯怎样，商家最近有没有提高价格，提高价格的频率高不高，消费者对于价格提升的反应如何。

必要的市场调研工作必须展开，投资者应该重点关注那些经常提升价格的企业，了解商家是如何定价的，以及这些价格是否会被客户接受。当然，企业提价最根本的因素还是拥有独特的价值体验和吸引力，只有一家企业的产品同其他产品区分开来，并且能够被客户需要，它才有机会和实力把握定价权，并且保证客户对价格保持极其有限的敏感度，因此投资者需要重点挖掘那些拥有独特价值且拥有忠实客户群的企业。

很多时候，投资者还可以关注一下标的公司的管理情况，如果一家公司的管理水平并不出色，甚至非常糟糕，但是仍旧可以在市场上表现得比较活跃，那么同样可以证明这家公司可能拥有经济特许权，整个公司可以容忍一个糟糕的管理团队。

经济特许权或者说定价权是一家优秀公司的重要指标，尽管定价权并不一定就能决定一家企业可以长期保持强大的竞争力（影响企业长期保持竞争力的因素很多），但至少提供了更多发展的机会，而且提供了更好的活力空间，找到这样的公司，无疑具有更好的投资空间。

具有低成本运营优势的企业，可以有效阻击更多的竞争对手

1983年，在致股东信中，巴菲特兴致勃勃地谈到了当年并购内布拉斯加家具店的事情，以及内布拉斯加家具店之前的创办者Blumkin太太，并称赞了内布拉斯加家具店无与伦比的成本优势和强大的营销实力。

“今天内布拉斯加家具店拥有一家20万平方尺的店面，年销售额却高达一亿美金，全美没有任何一家零售家具店可以与之相较，它所卖的家具、地毯与家电用品比奥马哈所有其他业者加起来还多。

“当我们在评断一家公司的企业价值时，我常常会问自己一个问题：‘假设我有足够的资金与人才，我愿不愿意和这家公司竞争？’我宁愿和大灰熊摔跤也不愿和B夫人家族竞争，他们采购有一套，经营费用低到其竞争对手想都想不到的程度，然后再将所省下的每一分钱回馈给客人，这是一家理想中的企业，建立在为客户创造价值并转化为对所有者的经济利益的基础上。”

在这里，巴菲特谈到了低成本优势，在巴菲特看来，低成本也是一种竞争力，低成本往往意味着更高的利润，意味着可以承受更大的运营压力，并且在价格方面产生更大的竞争优势。对任何人而言，能够获得更高的收益才是硬道理，低成本优势有效提升了生存效率和盈利空间。假设甲公司每生产一件产品的成本是5元，售价是7元，扣除0.5元的税收，那么净收益就是1.5元。乙公司生产同样的产品，成本是5.5元，售价同样是7元，税收也是0.5元，那么最终的收益就是1元。从这个方面来看，甲公司每销售一件产品的收益更多。更重要的是，当原材料上涨，销售渠道成本导致成本增加1元时，甲公司的产品仍旧有0.5元的收益，而乙公司则会面临无利可图的尴尬局面，这个时候，它可能会选择涨价，但涨价也就意味着失去竞争力。又或者当双方展开价格战时，甲公司可以从容地把价格降到6元，而乙公司却做不到。

成本更低的公司通常具备了先天的竞争优势，在行情好的时候，可以利用低成本赚取更多的收益，并且可以利用低价优势更多地赢得市场的关注和客户的青睐。在行情不好的时候，可以通过降价来维持市场份额，而且成本越低，维护的成本越低，抗压能力越强。

巴菲特非常喜欢那些低成本的企业，在他看来低成本构建的“护城河”往往是最有效的，尤其是随着市场的细化、产业链的完善和定型，以及成本控制系统的日益完善，成本控制只会越来越难，毕竟对于很多商品来说，想要把成本再下降10%，可能比价格增加10%更难，所以真正拥有低成本优势的企业通常会更加容易赢得竞争优势。像巴菲特投资好市多、沃尔玛、家得宝公司以及B太太家族的内布拉斯加家具店，就是看中了它们出色的成本控制系统，在巴菲特看来，这些企业具备强大的低成本优势，它们的产品在制造和销售上具备很强的竞争力。

低成本企业在成本控制方面往往具有不同的方式，因此也就构成了不同类型的低成本优势，一般来说，投资者可以重点把握以下几个方面：

购买原材料的成本很低

一般来说，投资人在寻找低成本运营优势的企业时，可以重点关注那些能够很好地压缩原材料购买成本的企业，它们主要是通过材料甄选、供应商甄选等方式减少不必要的支出，比如批量订购原材料，降低单价；拥有稳定的低价的产品供应渠道；选择一些相互需求的供应商，努力降低成本；提高采购人员的谈判能力，提升他们的议价能力。

比如，麦当劳就非常善于控制成本，首先所有的原材料都是集中采购的，全球几万家麦当劳分店用的牛肉、面粉、土豆都是集中采购的，这样可以有效控制成本。除此之外，麦当劳还积极参与到供应链的改造之中，通过改造供应链来降低供应链的成本，最简单的就是帮助农户种植土豆，为他们提供土豆的种子以及免费的土豆种植改良技术，农场拿了这个免费的土豆种植改良技术，当土豆产量和质量得到提升之后，麦当劳再以低于市场的价格批量收购（产量提升已经弥补了降价造成的那部分收入），双方一般都会签订合同。当麦当劳参与、控制材料的生产和供应时，它获得的原材料肯定是最低价的。

拥有更加简单高效的销售系统

在产品面向市场和客户的时候，往往会产生一部分流程费用，其中销售环节、销售渠道、销售模式、销售效率都会直接影响最终的成本和价格。对于投资者来说，如果想要找到那些低成本优势的企业，就要重点关注企业的销售系统，看看有哪些企业具有更为简单高效的销售系统。

沃尔玛创始人沃尔顿一直强调："我们重视每一分钱的价值，因为我们的服务宗旨之一就是帮每一名进店购物的顾客节省钱，每当我们省下一块钱，就赢得了顾客的一份信任。"在沃尔玛超市，采购员掌握的一项技能就是学会并争取用最低的价格采购商品，确保成本优势。此外，沃尔玛建立了一个简单高效的存货系统和发货系统，降低了渠道供应和运输中的成本，尽量省下每一分钱，此举迎合了大量中等收入和低收入消费者的需求，其他对手很难对它的运营造成威胁。

又如巴菲特投资的GEICO，一直采用直销模式，此举直接帮助它节省了中间商。而早在1986年，GEICO综合费用就比许多大型保险公司要低15%，其他保险公司也想过采用直销模式，但它们这样做会因为放弃代理而损害原有的市场份额，实在得不偿失。

具有地理位置优势，运输成本很低

地理位置在价格因素中非常重要，对于想要控制成本的企业来说，往往会选择最有利的地理位置提升成本优势。比如，北美有很多天然气公司的天然气并不便宜，比起中东地区的很多油气要贵很多，但民众还是会为此埋单，原因很简单：购买中东油气往往需要昂贵的运输费，这笔钱最终会转嫁到消费者身上。所以北美地区的天然气公司虽然偏贵，但是考虑到地理优势带来的运输成本控制，它还是有效提升了地区的竞争力。同样地，美国最近两年一直在阻挠俄罗斯和欧洲的“北溪-2”能源项目，为的就是让欧洲从美国本土购买天然气或者页岩气，但是相比于美国，俄罗斯显然具有地理优势，其运输成本更低，因此更具成本竞争力。

利用技术或先进的管理模式来降低成本

很多产品之所以价格昂贵，是因为加入了很多人工劳务费。当一件产品的生产过程费时费力时，价格自然也就水涨船高。如果利用新技术来提升生产和加工的效率，就可以有效降低成本。同样地，运用一些更加高效的管理模式和流程控制方法，也能在缩短加工工时、节约资源、实现资源优化配置方面起到重要的作用。

福特公司推出了标准化的生产模式，所有的零部件都设定统一的型号标准，并且按照标准的流水线组装汽车，结果在1914—1915年，福特公司每93分钟就可以组装一辆汽车，速度远远超过了其他汽车制造商。高效的装配线极大地提升了造车效率，也节省了大量的人力、物力、财力，在当时，福特公司的成本控制是最好的。

对于投资者来说，有必要挖掘那些在原料采购控制、供应链渠道控制、销售渠道和销售模式控制、技术以及管理方面做得很出色的企业，这类企业通常都能建立起不错的低成本优势。需要注意的是，在商品制造领域，尤其是工业企业当中，企业想要真正拥有可持续成本优势很难，依靠降低成本来赢得优势非常难，只有少数优秀的公司可以获得成功。

网络效应可以构建宽大的护城河

在谈到可口可乐的发展和扩张模式时，巴菲特谈到了美国产品所构建起来的文化连接效应。

他认为："某些产品在消费者心目中的这种地位是令人难以置信的，尤其是美国产品，似乎更能获得这种地位。人们对某些美国产品如饥似渴——我们的音乐、我们的电影、我们的软饮料以及我们的快餐。你无法想象——至少我想象不出——人们会对哪个法国公司的产品或者德国公司的产品或者日本公司的产品具有这种渴望，这些国家也没有哪家公司出售的软饮料占了全球市场的47%。

"广义来说，你可以把这称为美国文化的一部分。全世界都渴望得到美国文化。

"你看到可口可乐和迪士尼以及其他类似公司做的一些事情时会感到奇怪：'可口可乐做这件事没什么道理，如果他们不花这1000万美元，销

量就会下降吗？’

“我在写给伯克希尔股东的信中引述了可口可乐1896年的一份报告以及当时其所进行的广告宣传活动，这项活动打响了公司的名气。你永远无法知道真正起作用的到底是哪些钱，但世界上几乎每个人都听说过可口可乐的产品，且其中大多数人都喜欢，下一代人也会喜欢。在消费类产品行业，你就得这么做。”

在巴菲特看来，诸如可口可乐一类的产品，之所以能够获得市场持续的青睐，就是因为通过市场扩张积累了大量的消费者，而消费者的增加反过来又提升了可口可乐的品牌效应，使得更多的人成为购买者，并且可口可乐的价值得到了进一步的提升，甚至会对下一代消费者产生积极的影响。类似的现象其实就是一种网络效应，简单来说就是产品的社会扩张效应。当一种商品或服务的价值随着使用者的增加而提高时，就会形成一种网络，此时它会进入高速扩张阶段，反过来吸引更多的新用户加入，之后企业的产品或服务价值再次获得提升，从而形成一个有效的循环，企业会变得越来越强大，市场影响力不断得到提升。这就是所谓的网络效应。

早在1908年，AT&T公司的主席西奥多·维尔（Theodore Vail）就在年度报告中提到了用户增加给企业价值带来的帮助：“如果在另一头没有连接的话，电话甚至连玩具或者科学仪器都算不上。没有连接的电话就是这个世界上最没用的东西。电话的价值取决于跟其他电话的连接——以及连接数的增加。”他当时意识到了客户数量以及客户数量增加会明显提升公司的价值，他甚至认为公司的价值就是客户数量而非技术。

关于网络效应，有一个著名的梅特卡夫法则。该法则认为一个网络的总价值等于用户数量的平方。按照这个法则，网络中人数的不断增加会导致每个用户的价值增加。一个非常简单的例子就是社交软件，当一个人使用某款社交软件的时候，由于没有人与之互动，这个软件的价值几乎为0，当用户身边再增加一两个用户的时候，这款社交软件可以发挥一点作用，当身边增加了100位用户时，社交软件就可以用来聊天、谈生意、分享生活和工作信息了。随着人数的不断增加，人们从软件中获得的信息量越大，使用的需求量也就越大，这款社交软件的价值就会越来越高。

网络效应往往会提升企业的竞争力，这种提升主要体现在以下几个方面：

首先是提升规模优势与市场主导权。随着用户的增加和企业价值的提升，企业规模会不断扩大，这个时候整个网络的扩张往往伴随着市场扩张同步进行，市场规模的不断扩大会促使企业逐步成为市场内具有主导优势的网络，从而进一步挤压那些竞争对手所构建的小型网络。并且在马太效应的作用下，进一步提升竞争优势，拿下绝对的市场份额。具有网络效应的公司一般都具备了规模效应和品牌效应，这类企业在市场上深耕多年，建立起广泛的市场和销售渠道，也拥有强大的品牌效应，能够持续吸引更多的关注，因此短时间内很难被其他竞争对手挤出市场。在国内，最典型的就是那些互联网企业，像腾讯公司推出的微信、阿里巴巴推出的支付宝，以及抖音推出的短视频平台，都具有强大的扩张能力，当越来越多的人使用它们时，人们就越是难以离开这种产品。

其次是扩大成本优势。通常情况下，网络效应越强，继续扩张的成本也就越低，因为随着用户的增加和价值的提升，企业在市场上的传播度和影响力迅速扩散，到了一定程度，即便不用打广告，不用搞促销活动，也能继续吸引新的客户，也能提升销量。比如，可口可乐和百事可乐公司如今已经遍布全球，这两家公司建立起来的客户网络和销售网络非常惊人，而在这些网络的加持下，可口可乐和百事可乐可以以低成本运营的方式持续吸引客户购买它们的产品。相应地，如果其他可乐品牌或者饮料品牌想要扩张出同等规模的市场和客户群体，想要赢得同样的市场影响力，可能就需要花费几千亿美元。又如，前几年非常火爆的共享单车，很多共享单车的品牌都会想办法尽可能在更大的市场范围内铺开业务，投入自己的产品，在他们看来，只要投入的车辆越多，就可以借助规模优势降低成本，而随着使用者的增加，成本还会逐渐下降。

对于企业来说，如果能够打造属于自己的网络效应，那么就可以找到成长和扩张的法门，依靠这个网络，它们能够更好地让用户参与到市场扩展和价值增值的工作中来，可以说在网络中，每个用户既是消费者，也是潜在的生产者。

那么投资者应该如何选择具有网络效应的企业呢？

最常见的是社交性比较强的产品，比如很多非常火爆的互联网企业和产品就具有网络效应。推特、QQ、微信、支付宝、抖音等都是社交属性很强的产品，这些产品往往可以提升用户的参与度和互动能力，从而有效构建强大的网络。从最近20年互联网的发展来看，最火爆的企业和项目几乎都带有社交功能，也许下一个优秀的互联网企业还是会具备社交功能。

文化属性很强的产品，同样能够产生一个强大的网络，这个网络具有相互影响的特性，有文化魅力的影响，这些产品可以很快吸引大批消费者和用户，同时借助用户传播自己的文化。一些具有情感联结、社会文化或者潮流文化基因的产品，很容易被大众接受。像苹果手机的快速流行就是潮流文化的影响，当某个人购买了苹果手机之后，他的生活圈和朋友圈可能会受到影响，身边有不少人会跟风购买。

除此之外，一些大品牌的产品也具有网络效应，购买者和使用者很容易带动身边人一同消费，可以说大家很容易相互影响，并且借助这些产品构建起更为紧密的社会联系。比如，一个高级白领可能会购买一款昂贵的LV包包或者香奈儿香水，几天之后，身边的同事也会选择跟进，这样大家就有了更多共同的语言。

需要注意的是，投资者必须明确这种网络效应的持续性，如果仅仅是暂时性的风潮，可能无法长时间提升整个市场的份额，投资者需要的是依靠强劲发展势头长期影响市场消费行为的企业，这样的企业才能长久保持一个开放的激活的网络。

选择那些具备高转换成本的企业

在《巴菲特的护城河》一书中，作者帕特·多尔西谈到了巴菲特的投资取向，并提到了转换成本的概念："你也许会注意到，我一直没有提到消费品企业，比如零售业、餐饮业以及包装商品类企业等。这是因为，低转换成本恰恰是此类企业的主要缺陷。你可以随便从一家服装店走到另一家，或是在杂货店里选择不同品牌的牙膏，这几乎不费吹灰之力。所以，零售商和餐馆很难为他们的业务设置护城河。尽管沃尔玛和家得宝公司（HomeDepot，全球最大的家具建材零售商）等大公司可以通过规模经济建立自己的护城河，寇兹（Coach，纽约著名时尚品牌，主要是皮革制品）可以借助于强大的品牌建立护城河，但总体而言，消费类公司的转换成本均较低。"

所谓转换成本指的是消费者从一个产品或服务的提供者转向另一个提供者时所产生的一次性成本，这些一次性成本包括经济上的开销、时间的消耗、便利性的供应等多个维度。一般来说，这几种一次性成本越高，企业的护城河就越宽。经过计算，如果转换竞争对手的成本比坚持购买原有公司产品和服务的成本更高，那么多数客户会选择继续保持合作。由于可转换成本的影响，消费者和客户不会轻易放弃当前公司的产品或者服务。不仅如此，拥有高转换成本的公司往往拥有市场主动权，可以提供更多额外的服务和配套产品，甚至具有一定的定价权，由于客户和消费者没有能力实现转换，往往会接受这些消费的附加条件。

在帕特·多尔西看来，巴菲特很少投资那些消费类的公司，就是因为这类公司的转换成本很低，替代性很强，难以构建起护城河。他会重点选择那些拥有高转换成本的公司，毕竟那样的公司和产品才具备强大的竞争力。例如，巴菲特投资富国银行、合众银行、GEICO保险等企业，就是因为看中了这些企业的可转换成本。

在日常生活中，类似于银行、保险、股票以及一些金融行业的企业，都具有可转换成本的优势，都具有很强的用户黏性，从而有效避免客户的流失，它们通常都是比较理想的投资目标。以银行为例，任何银行在开户的时候都非常快，流程也很简单，但是销户却比较麻烦，耗时耗力，这样就使得银行可以更好地留住用户，毕竟销户去其他银行开户的流程比较麻烦。同样地，保险也是如此，购买保险的人往往被套在保险业务上，未来很长一段时间都不可能离开，这就导致其他保险公司很难过来抢生意。

此外，软件企业的转换成本也要比硬件企业高，因为软件通常要和其他软件结合在一起才能发挥作用，这种结合有助于更好地锁定客户。客户在使用某个软件之后想要选择其他类型软件，往往需要花费很大的成本，一个习惯了用苹果iOS系统的人，在使用安卓系统时会遭遇各种不便。假设某企业使用一款通信软件，价格是每年20万元的服务费，后来这款软件准备系统升级，价格提升到了22万元，企业觉得太贵了，准备更换软件，可是考虑到需要寻找相配套的设施，需要备份通信软件内的数据，需要打造相关的服务体系，整体更换成本将会变成30万元，很明显，企业通常都会选择22万元的原版软件升级系统。相比之下，硬件更依赖于通用的行业标准，只要达到了标准，那么就可以使用，可替代性比较强。

如果进行分析，就会发现高转换成本的企业可能具有以下几个特点：

客户投入了大量的时间：转换者难以再次投入如此多的时间去接受新的产品和服务。

客户投入了大量的资金：客户更换产品和服务会导致这些资金变成昂贵的沉没成本。

具有独特的接收和使用模式：转换者不得不重新学习新产品的使用模式，这很不划算。

具有业务捆绑的特性：客户会因为转换而影响其他业务的发展。

具有福利增值的优势：转换者一旦选择其他公司，将会失去享受消费积分和赠品的机会。

具有情感联结的特性：转换者在放弃这款产品和服务时，往往会承受情感上的冲击。

投资者在选择合适的企业时，仅仅依靠一个外在的特点就做出判断，显然不合适，往往容易做出误判。想要识别转换成本并不容易，想要挖掘那些高转换成本的公司和品牌更难，投资者应该深入理解客户的体验，平时要多展开市场调查，做好相关的数据调研工作，了解消费者对各品牌产品的想法，甚至有必要把自己当成一个客户进行消费体验。

需要注意的是，高转换成本并不意味着就可以获得更高的收益和更大的市场规模，关键在于构建一个庞大的客户群，毕竟高转换成本的作用在于客户不容易流失，而不在于客户的流入，所以企业应该一开始就要想办法抓住客户的需求，只有吸引客户，构建更加庞大的客户群，才有机会最大限度发挥高转换成本的优势，提升企业在市场上的话语权。对于投资者来说，那些拥有高转换成本并且构建了较大客户群的企业，才是绝佳的投资标的。

具备市场主导权的超级企业，拥有规模优势

在1996年的年报中，巴菲特谈到了自己对垄断性企业的看法："像可口可乐和吉列这样的公司很可能会被贴上'注定必然如此'的标签。（没有人）怀疑可口可乐和吉列会继续在其遍布世界的领域占据主导地位的能力。实际上它们的主导地位很可能会更加强大。在过去的10年，两家公司都已经明显地扩大了它们本来就非常大的市场份额，而且所有的迹象都表明在下一个10年它们还会再创佳绩。"

无论是从品牌影响力，还是现实的数据出发，可口可乐公司、吉列公司、喜诗糖果都是各自行业的领头羊，而且占据了市场的半壁江山，其他竞争对手想要超过它们非常困难，从某种意义上来说，它们就是市场上的主导者甚至是垄断者，仅仅依靠现有的市场规模就可以打败对手。这些拥有市场主导权的垄断企业，往往具备强大的市场影响力，首先是市场规模，对于多数垄断企业来说，它们基本上占据了一半的市场份额，这样的

规模毫无疑问会挤压其他竞争对手的生存空间，其他对手想要抢夺市场份额都非常吃力，更不用说超越第一名了。还有就是强大的营收能力能够确保垄断企业拥有更多的资金开拓多元化的发展道路，也拥有更多的资本来抵抗外来的风险。

尽管很多同行会想方设法进行挑战，会通过自我提升来抢夺市场，但是作为市场的主导者，一般情况下，只要不犯错误，就必然可以在很长一段时间内保持领先优势，并借此获得大量的收益。这也是为什么巴菲特毫不犹豫地说道："如果你给我1000亿美元用以交换可口可乐这种饮料在世界上的领先权，我会把钱还给你，并对你说'这可不成'。"

看市场份额和营收情况

市场份额与营收是最直观的数据表现，对于那些拥有市场主导权和垄断地位的大企业来说，它们必定拥有足够的规模优势，这些规模优势足以帮助它们保持领先位置。假设一家企业的市场份额与发展规模在行业中遥遥领先第二位，甚至占据了整个市场一半的份额，那么就足以表明这是一家拥有主导权和话语权的优秀公司。比如，吉列剃须刀曾一度占据了全球市场90%的份额，这样的市场份额无疑是企业获得成功的前提，也是巴菲特这样的投资者乐于见到的。

看看品牌知名度

一个简单的做法就是选择一家具有主导权和领先优势的企业进行投资，然后针对这家公司所在的行业进行分析，看看这家公司的品牌知名度有多高，除了这家公司，是否还有人记得排在第二位或者第三位的公司叫什么名字。如果消费者当中的多数人都对排名第二或者第三的品牌没有什么印象，那就意味着这家公司非常成功。就像可口可乐一样，除了排名第二的百事可乐之外，其他的可乐品牌基本上都没有什么知名度。

看市场影响力

这里谈到的市场影响力，主要是指一家公司的相关决策对整个行业的影响，或者一家公司的变动对整个行业的影响。假设一家大公司制定了某个政策，遭遇了危机导致供货受到影响，或者主动降价，直接造成了行业内的大波动，那么就证明这家公司的市场影响力很大，它的一举一动可能都会对市场、对其他企业的发展产生重大影响。反过来说，如果企业的变动对行业没有什么影响，或者影响微乎其微，那么就证明了它在市场上缺乏竞争力，也不具备什么影响力。

对于投资者来说，一个拥有市场主导权的企业，或者说垄断型企业，本身就拥有很多的市场话语权，拥有强大的市场影响力和品牌知名度，这些足以支撑起它在市场上的长期竞争优势，因此是一个比较理想的投资目标。其实有关垄断企业的定义，既可以是全球性的，也可以是区域性的，对多数投资者来说，区域市场内的垄断企业或许更加值得投资。

比如，H先生2015年花费1000万元购买了某调料公司5%的股票，就是因为这家调料公司在整个江南地区是最大的调料供应商，几乎占据了江南地区70%的市场份额，而且规模还在继续扩大。在H先生看来，这家调料公司依靠自身独特的调料和庞大的规模，几乎垄断了当地市场，消费者也已经习惯了这些调料的口味，竞争者想要在市场上抢占更多的资源和客户会非常困难；又考虑到南方人的口味和饮食风格，消费者在调料市场几乎找不到可靠的替代者。

规模优势无疑是一个很重要的竞争优势，不过需要注意的是，具备市场主导权的企业或者说垄断型企业，虽然拥有规模优势，但是这种规模优势并不能保证未来就一定能够带来很大的市场份额。一方面是因为任何一家公司都会经历从发展巅峰走向衰败的历程，没有一家企业可以真正做到基业长青，许多20世纪初甚至是19世纪的托拉斯（垄断巨头）最终都衰败和消失了。另一方面，时代会带来更新的技术，会带来更多的变革，那些故步自封的大企业，往往因为难以迎合时代发展和市场变化而惨遭淘汰，最典型的就是诺基亚公司，这家曾经占据手机市场半壁江山的巨头，几乎就是手机的代名词，但是它在智能手机和新的手机系统盛行之后，因为拒绝新的手机系统，结果短短十几年时间内就从智能手机市场上淘汰出局。

所以对于投资者来说，在选择那些超级企业的时候，更应该关注它们未来的发展规划，了解它们是如何应对市场挑战，如何提升自己的实力，如何去强化自身的优势。事实上，只有那些具有明确的目标且能够寻求优势扩大的企业，才有机会在更长久的竞争中保持领先，而这样的企业才真正值得长期投资。

选择一家能够承受平庸管理者的出色公司

在一个团队或者一家企业中，领导者通常发挥着非常重要的作用，尤其是那些优秀的领导者，更是可以带动企业变得更强，走得更远。像英特尔的格鲁夫、丰田的丰田章男、三星的李健熙、苹果的乔布斯、通用电气公司的韦尔奇都是优秀的领导者，如果没有他们，那些企业也会失色不少。优秀领导者有非同寻常的战略眼光，会带来更大的激情，会带来更大的凝聚力和更完美的企业文化，一个企业家和领导者会推动团队变得更强。但领导者绝对不应该成为一家优秀企业最优质的财产，不应该和企业的兴衰荣辱紧紧捆绑在一起，至少对投资者来说，当领导者代表并决定了企业的一切时，情况会变得很危险。

在2007年的致股东信中，巴菲特谈到了优秀公司的标准："一个令对手恐惧的CEO对任何企业都是一笔巨大资产，在伯克希尔，我们拥有相当数量这样的经理人。他们创造出巨大的财富，这是让一般CEO来运营，根本无法实现的。但是如果一个生意，依赖一个超级巨星才能产生好成效，那这个生意本身不会被认为是个好生意。一家在你们地区首席脑外科医生领导下的医疗合伙公司，可能有着令人高兴的巨大且在不断增长的收入，但是这对它的将来说明不了什么。随着外科医生的离开，合伙公司的‘壁垒’也一起消失，即使你不能叫出梅奥诊所（美国最好的医院）CEO的名字，你也能计算出它的‘壁垒’能持续多久。”

很明显，巴菲特不喜欢那种依靠超级明星的企业，当领导者可以决定一家企业的生死时，这家企业往往会非常脆弱，因为一旦领导者离开岗位，公司所建立起来的优势与壁垒就会瞬间坍塌，公司的竞争力和市场扩张优势就会快速消失。而一家真正优秀的公司往往拥有自己完善的管理体系和企业文化，建立了自己的护城河，拥有一个合理的战略规划，也有非常优秀的团队，这样一家武装到牙齿的优秀企业，基本上没有什么太大的弱点，没有谁会是不可或缺的。CEO的替代性很强，因此无论是谁来领导这样的企业，只要不犯什么大错误，那么即便很平庸，也能将企业管理好，他们只需要按照既定的路线，以既定的方法去做事就行。

谈到可口可乐公司，可能很多人都说不出来三个CEO的名字，但是这家企业却已经有100多年的历史了，很显然，即便让一个很普通的人管理可口可乐公司，可能情况也不会糟糕到哪里去，毕竟这家企业能够承受一个普通甚至糟糕的管理者。类似于可口可乐这样的公司已经拥有了自己的成长基因和秘诀，拥有自己独一无二的护城河。换句话说，即便只是安排一个普通的领导者，它们也可以正常运转，就像一辆自动行驶的车一样，一个出色的驾驶者可以驾驶好这辆车，换一个普通司机上去，也不会开得太差，因为车子自身的运转系统就很强大。

对于投资者来说，可以选择那些拥有优秀领导者的企业，事实上一家优秀的公司与一个优秀领导者的搭配会非常美妙，投资者可以放心投资，但不要去投资那些完全依靠优秀领导者生存的企业，依赖一个超级明星来运转的企业是无法长久盈利和发展的，因为谁也不能保证下一个领导者会同样出色。相比之下，选择一家不需要自己做什么就能运作得非常好的公司非常重要，投资这样一家公司，人们的选择会变得很轻松，也根本不用太担心会出现什么意外。

想要了解一家公司是否能够脱离优秀领导者和超级明星的光环而独自发展，其实也很简单，只要看看这家公司过去的CEO或者领导者，他们是不是真的很出色；看看这家公司的CEO在整个公司的发展过程中有没有什么特别的建树，他们的可替代性强不强；看看这家公司有没有一些表现相对糟糕的CEO，他们给企业带来了什么样的伤害，而企业的发展是否出现了波动，这种波动明不明显，持续了多长时间。与之相似的就是，看一看这家企业在过去一段时间内有没有出现什么重大的决策失误，这些糟糕的决策给企业造成了什么影响，影响大不大，有没有造成严重伤害，企业是不是依旧保持了不错的增长率，以及良好的抗压能力、自愈能力。

假设X公司在过去错过了好几次优质投资的良机，包括错失了对V工厂（拥有很强的技术实力）的收购，错过了对三号项目（两年时间内盈利翻倍）追加投资，错过了与客户公司联手开拓北非市场（这是一个很有潜力的新兴市场）的机会。

领导者除此之外，还做了一些其他糟糕的决策：他在任期内连续三年更换了市场部的经理，一定程度上影响了市场部的正常运作，还造成了人心紊乱。他亲自打造的两个项目，都没有取得预期的效果，其中一号项目还产生了将近6000万元的亏损。此外，他在内部尝试推动一些新的变革，但都不成功。在整个任期内，他的业绩在历任CEO中是最差的，公司的营收增长率只有7%左右，而其他CEO都是12%以上。

但即便是这样糟糕的CEO，这家公司也一直保持着市场头名的占有率，也保持了行业内最大的营收、最大的利润，公司照样保持强大的竞争优势，更重要的是，公司业务仍旧有着不错的增长。很显然X公司不会受到领导者太大的影响，换一个更出色的领导者，可能营收和利润会更高，但选择一个平庸的领导者，也不会对整体收益产生太大的威胁。对投资者来说，这是一个非常理想的投资标的。

其实从本质来说，投资者还是应该看看这家企业的基本配置，包括技术、资源、市场、团队、品牌、战略、管理体系等诸多配置，看看它们是不是非常出色，如果企业的高速发展是建立在这些配置基础上的，那么领导者或者其他任何一个人都不是不可替代的，投资者可以重点选择这样的企业。

第三章

充足的现金流量，是企业应对危机的重要保障

企业的内在价值应该建立在更充足的现金流量上

巴菲特在1998年股东大会上说过这样一段话："如果我们能够非常准确地看到每一家企业的未来，那么无论企业的钱是来自管理有轨电车还是来自销售软件，对我们来说都不会有任何差别。因为产生的所有现金，也就是我们从现在一直到世界末日衡量的所有资金，对我们来说都是一样的……一旦它变得可分配，所有的现金都是一样的。"

在巴菲特看来，一家企业的内在价值不在于它是做什么的，也不在于它拥有什么样的技术，最根本的还是要看这家公司是否能够将自己的优势转化成资金，是否可以转化成充足的现金流，企业的收益必须反映在现金上。巴菲特由此认为，企业内在价值的评估就是现金流，因为投资者进行投资决策的根本标准并不是看企业是否具有竞争优势，而是看企业所拥有的竞争优势将来能为投资者带来多少现金，只有那些能够给股东创造更大价值，带来更多现金的竞争优势才是有意义的。

一个很简单的例子就是技术研发，很多科技公司技术领先其他对手，可以说它们具备很强的技术优势，但是这些技术如果没有转化成受市场欢迎的产品，没有迎合消费者的需求，更没有创造利润，那么这样的优势和领先本身并没有什么意义。

比如，美国铱星公司曾经在1987年提出了一个近于梦幻的伟大计划：用66颗低轨卫星组成覆盖全球的通信网。这在当时几乎就是通信技术的顶峰，铱星公司也拥有这样的技术储备，但问题在于这项投资根本不符合市场需求，高昂的投资注定会带来高额的消费，而消费者显然不会为此埋单，所以这项业务开展不久之后就因为市场反响平平而难以为继，由于资金难以回笼，巨额的贷款很快拖垮了这家公司。很显然，铱星公司的技术优势和价值并没有在市场以及现金流量上反映出来，这样一家缺钱的公司只会拿着那些不切合实际的技术误导和损害更多投资人的利益，而摩托罗拉就是这样一个受害者。

通俗地讲，现金流就像身体里的血液一样，企业想要实现正常运行，就离不开现金流，严格来说，企业的一切活动，都和现金有联系。如果一家企业的现金流充沛，企业就有充足的资金去运转，去投资那些心仪的项目，而现金流缺乏的企业，往往会影响正常发展，事实上，很多企业最终都是因为现金流中断而破产的。许多公司非常看重企业的利润，但很多时候利润只是账面数字，一家利润出众但是没有现金的公司往往缺乏承受风险的能力，这样的公司难以长远发展下去。也正因如此，很多上市公司不仅要出具资产负债表、利润表，还要提供现金流量表，通过现金流量表，可以更好地了解这家上市公司的运营情况。

假设某公司花费1000万元购买了货物，然后将这些货物以1500万元的价格转卖给了第三方，只不过这批货物是以先货后款的赊销方式卖出去的，钱并没有打到公司的银行账户上，对方承诺会在三个月内支付款项。这个时候，这家公司不仅没有收到一分钱，而且还在交易之后支付了200万元的税费，可以说前前后后一共支付了1200万元的成本。虽然这家公司的资产负债表上会显示公司的营收和支出状况，而且利润表上也显示公司在这样一笔投资中有300万元的利润，但如果查看现金流量表，就会发现公司的现金流是负数，这是一个非常危险的信号。假设公司在接下来的两个月没有收到1500万元的货款，那么公司可能连员工的基本工资也发不了，公司厂房和设备的维护费用也无法凑齐，这样一家公司根本没有能力投入新的生产和投资当中去，其投资价值无疑会严重打折。

对于投资者来说，现金流能反映一家公司的发展状况，还代表了这家公司发展的灵活性与空间，毕竟公司的现金越多，意味着公司有足够的资金开拓新的业务。从发展和投资的角度来说，现金流代表了更多的投资机会和更大的投资空间。伯克希尔时刻都在寻求好的投资机会，而它也有这样的资本随时投入新的项目当中，和那些在财务上捉襟见肘的企业相比，巴菲特从来不用为由于资金不足导致不能投资这样的情况担心。对于投资者来说，选择一家现金流更充足的企业，意味着自己有机会投资一些新的项目。

还有一点非常重要，那就是真实。相比于账面上的价值，现金流不容易作假。一般情况下，现金流量表采用收付实现制，简单来说就是以现金的收到和支付来界定具体的收入和费用，它可以更准确地展现出企业现金的来龙去脉。一切以是否收到现金或者支付现金为准，只负责资产负债表货币资金里的“现金以及现金等价物”的变化过程，数据看上去更加客观，由这些数据推导出来的结论也更加真实可靠。其他利润调节的方法根本不会对它产生什么影响，更容易评估企业利润的质量，衡量企业未来的成长机会。

事实上，为了提升企业的影响力，为了能够更好地融资或者吸引投资者的关注，很多企业会选择造假，在账面收益上动手脚，给企业的收益注水，从而给出一个漂亮的营收成绩单。这些注水和伪造的财务报表和资产报表会对投资者产生很大的误导，从而做出错误的判断。相比之下，现金流量表更加客观，因此投资者更容易从现金流量表中了解企业发展的一些基本情况。

需要注意的是，现金流出色的企业，一般会在整个产业链中占据重要位置，由于大部分交易都要通过现金支付来完成，很少出现应收账款，只有那些表现强势的企业才有实力要求产业链中的合作者支付现金，并且可能会压榨上下游企业。从这一方面来看，现金流出色的企业会在整个产业链和市场上占据更多的主动权，这也是投资者可以考虑的一个点。比如茅台，在2000年以后，基本上都是净流入，而且几乎逐年增加，原因就在于茅台在整个产业链中非常强势，所有下游的经销商都必须先预付货款才能收到货物，所以它根本就不用为拖欠款项的事情担心，现金流自然也非常充足。

可以说，现金流是评估企业内在价值的一个重要指标，但它不是唯一的指标，现金流出色的企业不一定就足够优秀（可能缺少新的投资方向），现金流少的企业不一定就发展不佳（可能用于新的优质项目当中）。现金流的多少有时候与行业特征有关，像酒类、医疗类企业，现金流往往都非常不错，少量的投资就可以有大量的收益；而电器类企业，为了开拓市场，现金流会相对较少。因此，投资者在分析现金流的时候，最好还是结合其他指标来考量。

额外的流动性资产不可或缺

2019年半年报数据显示，伯克希尔公司的现金已经达到1220亿美元，2020年年底，伯克希尔公司的现金高达1383亿美元，而在2016年，该公司的现金储备只有583亿美元。大量的现金引发了外界的猜测，也引起了内部股东的疑惑，他们不明白为什么巴菲特不愿意投资其他项目，而是把钱留在手中。

股东们对巴菲特的不满在于，他们认为这么多的现金留在手上只会成为一种负担，但巴菲特却认为2020年经济非常不景气，美股甚至出现了数次熔断，这个时候选择持有现金会更加安全。在巴菲特看来，额外的流动性资产是不可或缺的，尤其是经济衰退期间，大量的现金会带来更强的保障。早在1984年，巴菲特就意识到了现金与现金流量的重要性："在大部分行业，企业倒闭都是因为耗光现金。"

如果认真观察，就会发现现金流缺乏的企业更容易在面临困境的时候退出市场。比如在2000—2002年，互联网经历了一个漫长的寒冬，全球互联网行业都不景气，大量互联网企业倒闭和破产，而这个时候，那些拥有更多现金的公司坚持到了最后。同样地，在2008年的全球性金融危机中，大量的企业因为资金耗尽而倒闭，最典型的就是那些依靠借贷为生的房地产公司，当金融危机爆发时，它们就失去了贷款和融资的能力，由于没有充足的现金，它们只能接受破产的命运。

通用电气公司前CEO韦尔奇说："如果你只有三种可以依赖的业务衡量方法，那么应该就是员工满意度、客户满意度和现金流量。"

飞利浦前CEO柯慈雷也多次表示，企业竞争胜出的关键因素包含了聚焦新机会以及现金流量。

巴菲特的老友比尔·盖茨则一直坚持持有一定量的现金："我采取了一种非常保守的做法，我希望即使在没有收到任何款项的情况下，我们银行里也有足够的钱支付一年的工资。"

对于那些顶级的企业家和投资者来说，他们会充分利用好手里的现金，将其用于最能发挥价值的项目上；但他们也懂得做好基本的预防工作，即保持充分的现金流，这种流动性资金有助于提升企业的抗压能力。

在经济衰落的时候，手里握有更多的现金储备，无疑会让企业获得更多的竞争优势，这种优势主要体现在几个方面：首先，当经济衰退或者行业不景气的时候，充足的现金可以让企业获得更多的生存时间与空间，现金越多的公司越容易坚持到最后。伯克希尔公司经历了数次金融危机和股市熔断危机，但拥有庞大的现金流保证了它平稳度过危机。其次，在经济不景气甚至发生金融危机的时候，有很多公司会面临资金不足的问题，这个时候，拥有充足现金的公司就能够有效抄底。比如，在金融危机期间，高盛集团就曾面临资金不足的问题，最终巴菲特为其提供了50亿美元的帮助，以此换取他们的股票和认股权证。2019年，巴菲特说过，伯克希尔公司必须留着至少200亿美元的现金来应对大的灾难，这是他设置的一道重要保险杠。

在投资方面，巴菲特一直都非常老到，他总是会做出最完备的应对措施，比如当经济发展呈现繁荣姿态时，手里的银行股和苹果公司的股票就会带来更大的增值。一旦经济发展萎靡，手里留下的大量现金就可以成为抄底的最佳保证。可以说，只要掌握了更多的现金，巴菲特就可以进退有度，保证自己能够在投资中获利。一个有趣的现象是，《财富》500强中的企业有一半是在熊市或者经济衰退期成立的，很显然，当经济衰退时，它们获得了低价收购优质资产的机会，而且它们面临更小的竞争压力。

Y先生经营着一家外贸公司，在2000年以后，他就非常注重提升现金流，绝对不会胡乱投资，公司也因此积累了大量的现金。2008年，由于美国次贷危机，引发了全球金融危机，很多公司都亏损严重，同时又面临资金短缺，不得不宣布破产；那些情况稍微好一点的企业也是步履维艰，尽可能确保自己不会倒闭，基本上也没有什么多余的运营资金。而Y先生不一样，充足的现金流足够保证公司正常运营。更重要的是，随着金融危机降临，大量企业不得不甩价出售资产，房地产更是如此。这个时候，Y先生低价收购了两家之前很有竞争力的企业，同时在房地产进行抄底，在北京买了两栋楼。结果金融危机之后，各行业开始复苏，Y先生购买的两家企业带来了丰厚的回报，购买的地产项目更是在之后的10年时间里增值了

10倍之多。

对于普通的投资者和企业家来说，持有充足的现金可以让自己在遭遇危机的时候有更多生存的机会，有了充足的钱，企业还可以继续运转下去，员工的工资、基本的营销渠道维护，都能够维持下去；更重要的是，有了钱，公司也有获得转型的机会。尤其是当行业发展不景气的时候，企业必须想办法寻求转型或者扩展新项目的机会，而无论是转型，还是开拓新业务，都需要充足的现金。此外，充足的现金也可以确保自己在与他人的合作中占据更大的主动权，相比其他缺钱的企业而言，它们是无法提出更多的合作条件的，而充足的现金就是一种最好的资源。

总的来说，现金流是一个企业或者投资者绝佳的武器，可攻可守，非常适合长期投资。在发展过程中，现金流往往代表了更好的机会，更强的承受能力，更大的信心和耐心；对投资者来说，更多的现金流意味着更大的发展空间。

那么该如何确保企业拥有充足的现金流呢？

制定月度或者季度现金流量表

为了确保现金流充足，企业最好编制月度或者季度的现金流量表，从而更及时地了解企业的现金流动情况，并根据实际情况做出调整。比如，当现金流充足的时候，就可以选择一些合适的项目进行投资。如果现金流明显不足，甚至处于负债的状态，那么就要及时筹集资金，并且适当缩减开支，避免现金流断裂。

制订企业现金使用计划

企业现金流并不是无限的，再多的现金流也会被花掉，何况企业需要花钱的地方很多，也有各种各样的投资选择。为了提升现金流的利用效率，企业管理者需要对各项经济活动进行等级划分——看看哪些是重要且紧急的，哪些是重要但不紧急的，哪些是不重要但很紧急的，哪些又是既不重要也不紧急的。划分等级之后，就可以针对不同等级的经济活动进行安排，制订合理的计划，目的就是确保企业能够把钱用在最需要且最能产生价值的经济活动和项目上。

删减不必要的开支

对于企业来说，需要开支的地方很多，但考虑到有限的现金流，企业管理者必须懂得如何最大限度地使用现金流，因此那些不必要的开支一定要删减，那些不值得投资的项目也要提前放弃，这样就可以把资金集中在真正需要开销的项目上。

永远都要预留出一笔应急资金

在投资领域，危机无处不在，一些意外事件可能会带来严重的冲击，因此需要留下一笔钱应对危机。此外，商机随时都可能会出现，自己在搜索商机的同时，必须做好现金准备，以免出现没钱投资的情况。

对于企业或者投资者来说，留下一笔可观的额外的流动性资产非常重要，可以确保更加稳定、更加合理地发展。

使用现金流折现估值法进行计算

在谈到企业内在价值的评估时，巴菲特说过这样一句话："上市公司的内在价值就是该企业在其未来生涯中所能产生的现金流量的折现值。"自由现金流折现法一直以来都是公认的最权威、最科学的估值法，1942年，威廉姆斯提出了现金流量贴现模型：今天任何股票、债券或公司的价值，取决于在资产的整个剩余使用寿命期间预期能够产生的、以适当的利率贴现的现金流入和流出。

巴菲特非常看重这种估值方法，他不止一次在重要场合发声：正确的估计企业内在价值的方法就是现金流折现估值法。在他强调现金为王的同时，一直都在通过现金流折现估值法计算企业的内在价值，从而更好地指导自己的投资。按照巴菲特的理解，预期的未来现金流的净现值决定了一项投资内在的价值。这意味着，今天投资的现金比明天能够得到的现金更值钱。这是最终推高股价并为投资者提供资本增值的驱动力。

依靠整个自由现金流折现估值法，企业的内在价值就是未来N年的自由现金流折现总额与永续价值贴现。在这个公式中，包含了自由现金流、现金流折现、折现率、年增长率（未来）与永续增长率等关键要素。

首先是自由现金流，一般来说，自由现金流=净利润+所得税+利息费用+折旧摊销－营运资金的增加－资本支出，通常可以看作净利润+折旧－资本支出，这是一个比较合理的计算方法。考虑到利润每年都会增长，因此现金流在计算时还要考虑增长率。假设第一年的现金流是100元，企业的平均年增长率是13%，那么第二年的现金流就是100×（1+13%）=113元，第三年的现金流是$100\times(1+13\%)^2=127.69$元，第四年的现金流是$100\times(1+13\%)^3=144.2897$元。

接下来是自由现金流折现，巴菲特认为投资就是用现在的钱去赢得未来更大的收益，或者说用现在的现金流去获得未来的现金流，但是现在的钱肯定要比未来的钱更加值钱，因为未来现金流需要折现（假设一个人用100元进行投资，在10年以后，这笔钱变成了300元，那么10年后的300元折现成今天的100元）。

至于折现率，不同的人有不同的理解。在一次股东大会上，有个股东就曾这样问巴菲特："当你们预测有一家潜在投资公司的现金流的时候，为什么使用无风险国债的当前利率作为折现率？你们为什么不用刚才查理·芒格说的机会成本的概念来选取折现率呢？比如你提到的美国公司股权收益率的历史均值12%，或者你的回报率目标15%，或者参考可口可乐的股权收益率。我想你肯定知道，使用不同的折现率将显著改变你评估的公司的价值。你们为什么使用无风险利率？"

巴菲特做出了回答："我们使用无风险利率仅仅是为了对不同的投资对象进行相互比较，换句话说，我们寻找的是最有吸引力的投资对象。为了计算投资对象的现值，我们都需要使用折现率，由于我们永远都能购买国债，所以国债的利率就成为基准利率。这并不意味着我们想购买国债，这也不意味着，如果我们得到的最好的投资对象的现值表明，这笔投资每年的收益只比国债高0.5%，我们就会购买国债。但是我们认为这是一个合适的基准利率，我们只是使用这个利率来比较所有的投资机会——企业、油井、农场等。"

通常使用10年期的国债利率（5%左右），再加上风险溢价率（2%—3%），就约等于折现率。所以自由现金流折现=自由现金流÷（1+折现率）^{N}。简单来说，一开始的现金流是100元，增长率是8%，折现率是7%，那么第二年的现金折现到第一年，就是100×（1+8%）÷（1+7%）。第三年的现金流折现是100×（1+8%）^{2}÷（1+7%）^{2}。

算出现金流折现，还不能真正计算出内在价值，投资者需要计算永续价值折现值（永续价值贴现），永续价值折现值=第N年的自由现金流×（1+永续增长率）^{N}÷（折现率－永续增长率）。其中，永续增长率一般可以和GDP进行比较，甚至比GDP增速还要低。

以A公司为例，假设A公司2017年的净利润为200亿元，折旧0，10年成长率为11%，永续增长率为5%，折现率为8%，固定资产投资、无形资产支出以及一些现金支付一共是10个亿。那么2017年的自由现金流为190亿元，2018年的自由现金流为190×（1+11%）=210.9亿元，自由现金流折现为210.9÷（1+8%）≈195.2778亿元；

2019年的自由现金流为190×（1+11%）^{2}=234.099亿元，自由现金流折现为234.099÷（1+8%）^{2}≈200.7022亿元；

2020年的自由现金流为190×（1+11%）^{3}=259.84989亿元，自由现金流折现为259.84989÷（1+8%）^{3}≈206.2772亿元；

以此类推：

2021年的自由现金流约为288.4334亿元，自由现金流折现约为212.0071亿元；

2022年的自由现金流约为320.1610亿元，自由现金流折现约为217.8962亿元；

2023年的自由现金流约为355.3788亿元，自由现金流折现约为223.9489亿元；

2024年的自由现金流约为394.4704亿元，自由现金流折现约为230.1697亿元；

2025年的自由现金流约为437.8622亿元，自由现金流折现约为236.5633亿元；

2026年的自由现金流约为486.0270亿元，自由现金流折现约为243.1345亿元；

2027年的自由现金流约为539.4900亿元，自由现金流折现约为249.8882亿元。

尽管计算上有一定的偏差，但基本上还是差不多的。

企业的内在价值=10年现金流折现的总额+永续价值贴现。

其中，10年现金流折现的总额=2215.8651亿元。

永续价值=第10年的自由现金流×（1+永续增长率）÷（折现率－永续增长率）=539.4900×（1+8%）÷（8%－5%）=19421.64亿元。

永续价值同样需要折现，因此永续价值贴现=永续价值÷（1+折现率）^{10}=19421.64÷1.08^{10}≈8995.9772亿元。

所以企业的内在价值：2215.8651+8995.9772≈11211.8423亿元。

按照自由现金流折现估值法就可以估算出A公司的内在价值大约为11211.8423亿元。上市公司通常都有自己的市值，投资者可以根据自己计算出来的估值与之进行对比，看看内在价值是不是与市值相近，如果内在价值明显低于当前的市值，那么就证明其中的泡沫比较大，不适合投资。如果内在价值高于当前的市值，那么就意味着市值还有上涨空间，有利于投资和购入股票。

自由现金流折现估值法并不是万能的，它的计算方式虽然并不难，但是考虑到很多数据都是一个大概的估值，并不完全准确；还有很多投资者根本不能估算折现率和永续增长率的数值，对于未来的增长率也无法正确预测，这也使得相关的估值工作变得困难；而且数据上的误差可能会导致最终的估值出现比较大的出入，因此只有那些专业投资者才有可能做出比较合理的估算。

对未来现金流量进行保守的估值

在评估企业的时候，现金流是一个重要指标，而在现金流中，一般需要重点关注经营现金流和自由现金流。经营现金流关系到企业经营的质量，简单来说，就是确保卖出去的货要能够及时资金回笼。经营现金流差的话，意味着钱收不回来，股东无法在第一时间获得应有的回报。后者则关系到企业内生的成长性，它决定了企业未来进一步低成本扩张和发展的潜力。

为了保守起见，巴菲特首先提出要重点关注自由现金流，而不是现金流，他并没有像其他投资者和分析家那样拘泥于现金流量表上的现金流量，而是提出了自己的想法。他认为真正的现金流量应该是自由现金流量，原因很简单，在经济学理论知识当中，现金流量是指自己每年挣到的钱和每年支出的钱，一个人每年的工资收入就类似于现金收入，每年的生活开支就是现金流出，收入和支出相抵后，剩下的现金就是现金净流入。

但是从日常生活的角度出发，无论是个人还是企业，不可能将剩下来的现金全部花掉，为了维持长远的发展和防备一些意外支出，必须留出很大一笔投入型的资金。比如，个人还需要买点好的营养品维持精力；需要花钱去培训，以提升自己的竞争力。扣除这笔钱后，才是可以自由支配的现金。扣除必要的开支，然后计算现金流，这就是巴菲特保守而聪明的地方，因为任何时候都不能将那些必须开销的资金全部用于投资，这是非常危险的。

除了重点关注自由现金流之外，对于自由现金流的估值方法，巴菲特也提出了更保守的意见。比如上文谈到了自由现金流折现估值的方法，这个方法讲的是对未来自由现金流估值，这个估值方法比较烦琐，其中对未来现金流以及折现的估值容易受到诸多因素的影响，任何一个数据的微小变化都会影响最终的结果。

比如，众所周知，未来现金流量只是一个预测值，它无法依据过去的经验来获得，需要考虑个人的能力范畴，需要考虑是否具备一个稳定的可持续发展的盈利状态。比如，一家企业在过去10年都保持稳定的增长率，现金流也是逐年提升，或者维持在一个较为稳定的水平，那么可以估计在未来的几年时间里，这家公司的现金流还是会保持稳定的增长态势。反过来说，如果过去很长一段时间，公司的现金流很少，而且很容易出现波动，那么未来现金流的预估不容乐观，而且也很难进行一个准确的预测。

一般来说，在众多上市企业当中，只有极少数业务稳定且持续增长的企业可以较为准确地把握住未来现金流量，大部分企业在做未来现金流量的估值时具有很大的风险，这和企业的发展模式、发展状况有关，投资者在面对这些不稳定的企业时，应该意识到潜在的风险，为了避免出现太大的失误，或者出现明显的误判，巴菲特的看法是对未来现金流量进行保守估值。比如，对于那些平均增速在12%的企业，可以适当调整为11%，折现率也可以适当降到一个保守的水平上，简单来说，估值可以尽量往下调一些，尽量避免往上调。

很多投资者更喜欢乐观看待未来的自由现金流，他们可能会认为一家现金流充足的企业在未来肯定会有更好的发展空间，因此他们更愿意将企业的内在价值放大，并且认定未来现金流会非常可观。但是考虑到必须将各种可能的支出考虑进去，将企业增速放缓（意外事件也可能产生影响），未来自由现金流的预测需要更加谨慎一些，这有助于人们控制投资规模，从而避免更大的风险。

不仅如此，投资者还有必要对未来现金流折现估值的方法做出保守的调整。在2019年的伯克希尔股东大会上，有一位中国投资人问巴菲特："未来现金流量折现估值太复杂，有简化方法吗？"

巴菲特给出了肯定的回答，并且提供了简化现金流量折现估值方法，那就是存款利率比较法。一般情况下，人们去银行存款，会选择利息更高的银行存款；那么在购买股票的时候，一样可以选择这种方法，人们可以把钱用来购买股息更高的股票，然后得到的每股自由现金流量就相当于拿到手的利息，而利息率就相当于用每股自由现金流量除以股票的股价。巴菲特制定了一个折现率的标准：任何公司的折现率不能低于长期国债利率，这是一个最低标准。按照这个标准，那些越稳定、越优秀的公司，其折现率往往也就越低。而在计算比率时，巴菲特建议投资者可以先找到一个预测区间，然后用预测区间的下限进行预测，这样做更保守，风险也更小。

对投资人来说，企业的估值应该趋向于保守，而且往往是越保守越好（在既定估值空间内）。假设一个企业未来10年的自由现金流的估值是3000万—3500万元，那么估值最好以3000万元为基准，之所以要这样做，就是因为未来具有很大的不确定性，即便企业的发展势头再好，再稳定，也无法确定未来几年时间或者十几年时间一样会保持稳定的增长趋势。行业变化、产业调整、竞争对手异军突起、政策变化、企业自身突发危机，都可能会打乱发展的节奏。考虑到未来现金流本身涉及很多不确定的要素（增长率、折现率、未来的资本开支），保守估计或许是最可靠的方式。巴菲特甚至强调“估值越保守越好”，为的就是尽可能给自己留出足够的缓冲空间。

针对这些情况，其实投资者更应该记住巴菲特说过的一句话：“一鸟在手胜过二鸟在林。”人们应该牢牢把握那些自己已经把握住的东西，对于那些自己没有把握住，甚至需要进行预测的东西，通常不要抱有太大的幻想。虽然人们听到了很多鸟叫声，但是里面有没有那么多的鸟，有没有可能抓住那么多的鸟并不确定。而不确定的东西，本身就要保守对待，这样才能够控制好自己的投入与潜在的风险。

重点查看和分析现金流量表

有人曾向巴菲特询问能够比别人挣更多钱的秘诀，巴菲特笑着说："别人都喜欢看《花花公子》杂志，而我喜欢看公司的财务报告。"在他看来，财务报告可以显示出一家公司的发展是否具备潜力，是否拥有持续的竞争优势，是否拥有投资的价值。而在这些财务报告中，巴菲特非常重视现金流量表，因为他一直都认为现金流能够反映出企业的发展活力和潜力，因此通过现金流量表来挖掘标的公司的现金流量情况成为他的一项重要工作。

现金流量表是财务报表的三个基本报告之一，所呈现的是在某一固定期间（通常是一个月或一个季度）内，某机构的现金增加和减少的情况。由于现金流量表中的现金流量是以收付实现制为基础的，因此这个报告可以帮助报告使用者了解企业获取现金和现金等价物的能力，看看企业在短期内是否存在现金不足的问题，是否会影响到企业应对风险的能力和扩展投资的能力，并且能够更准确地预测企业未来现金流量。

一般来说，一个正常的企业，在创造利润的同时也会创造现金收益，不过有的企业创造现金流的能力很强，而有的企业可能缺少现金流。此外，现金流出的情况也是不一样的，很多企业的开支非常大，现金流出和现金流入容易失衡；有的企业现金流入大，现金流出少，明显缺乏投资能力。可以说通过现金流量表，就可以比较直观地了解企业内部的现金流动情况与现金流的多少，更重要的是，现金流量表中会标出对现金流量产生影响的那些项目，从而可以更好地进行分析。

那么在分析现金流量表的时候，应该如何使用呢？具体应该从哪些指标入手？关于这一点，对投资者来说，如果他们想要通过现金流量表来了解标的公司的现金流，并借此挖掘公司的竞争优势和价值，就需要重点关注两个指标：

资本开支

所谓资本开支是指企业购买厂房、设备、土地等长期资产的现金或者现金等价物支出，从本质上来说，资本开支是一种多期折旧或摊销费用的资产。在现金流量表中，它被记录在投资活动产生的现金流账户里。一般来说，净利润中用于资本开支的比例越小，企业的竞争优势越大；净利润中用于资本开支的比例越大，企业的竞争优势反而越小。

具体分析这个指标时，可以先将公司10年来所累积的资本开支计算出来（10年来花了多少现金购买土地、厂房、设备等资产），紧接着计算出同期10年来所累积的净利润（每年的净利润相加），将10年来资本开支的总额与净利润总额进行对比，看看资本开支在净利润中所占据的比例是大是小，以此来判断这家公司是否真的具备持续竞争优势。

按照巴菲特的理解，一家公司10年来资本开支与净利率的比例在50%以下，那就意味着现金流比较充裕，企业有实力成为具备持续竞争优势的优质企业。如果这一比例低于25%，那么这家公司基本上具备了非常明显的持续竞争优势。

以可口可乐为例，从2009年—2018年这10年，其每股收益总计赚取了20.21美元的利润，而同期内每股只花费了4.01美元用于资本开支，总资本开支与总利润的比率约为19.8%。另外一个例子就是穆迪公司，同样在这10年当中，每股收益总共赚取了14.24美元的净利润，而只是花费了0.84美元的资本开支，资本开支大约占据了总利润的6%。这两家公司都是巴菲特投资的优质股，也是他认定的具有持续竞争优势的企业。

对于投资者来说，需要在现金流量表上关注资本开支的项目，计算它与净利润的比值，从而对企业的现金流做出评估，对企业是否具备持续竞争优势做出评估。

回购股票

巴菲特经过多年的观察，发现那些具备持续竞争优势的企业都有回购股票的经历，它们会通过使用公司多余的闲置资金来回购公司股票，减少股票在市场上的流通数量，以便提升股票的每股收益，推动股价上涨。很明显，只有那些看好自身股票会持续上涨的企业会选择回购，只有那些拥有充裕资金的企业，才有足够的资本回购股票。

对投资者来说，回购股票是一个非常重要的行为特征，基本上可以反映出一家公司的现金流情况，回购的股票越多，表明现金越充裕。一般来说，如果企业回购股票越是频繁，就表明企业的现金流越充足，那些每年都在回购股票的企业，必定积累了丰富的现金流，而这样的企业往往就是一个优质股。

那么投资者应该如何去查企业是否回购了股票呢？最简单的方法就是查询现金流量表，这些回购股票的行动都会在现金流量表上反映出来，且一般位于“发行（回购）股票【净值】”这样的账户中，投资者可以看看具体的回购频率和回购的数额。

资本开支和回购股票的行为是很多投资者非常关注的分析指标，也是能够很好地反映企业现金流是否充足、企业是否具备持续竞争优势的指标。对于企业的估值和现金流的预测有很大的用处，可以帮助投资者更好地做出判断和决策。需要注意的是，投资者需要将利润表和现金流量表区分开来，两者是不同类型的报告，比如前者侧重于反映财务结果，后者侧重于现金流出入；前者按照权责发生编制企业报表，而后者按照收付实现制来编制报表。此外，两者资金的报表结构也不同，有关经营活动、投资活动和筹资活动的描述也不相同，投资者在分析这两张报表的时候应该加以区分，不要混淆。

投资时可以侧重轻资产项目

在2007年致股东信上，巴菲特谈到了喜诗糖果的优势："我们用2500万美元买下它时，它的销售额是3000万美元，税前所得少于500万美元。企业的运营资本是800万美元（每年有几个月，都会出现季节性负债）。从此公司为投入资本赚取60%的税前所得。有两个因素有助于公司营运资金的最小化：一是产品是现金销售，不存在应收账款；二是生产和分销的周期很短，确保了存量最小化。

"去年喜诗糖果的销售额是3.83亿美元，税前利润是8200万美元，运营资金是4000万美元。这意味着从1972年以来，我们不得不再投资区区3200万美元，以适应它适度的规模增长和稍微有些过度的财务增长。同时税前收益总计是13.5亿美元，扣除3200万美元之后，所有的收益都会流入伯克希尔公司。这些利润还需要用来缴纳公司税，但余下的钱仍旧用来购买一些有吸引力的公司。就像亚当和夏娃最初喜好的活动，带来了60亿人一样，喜诗糖果开启了我们后来的许多滚滚而来的新财源。（对于伯克希尔来说，就如《圣经》上说的：‘丰腴膏沃而且生养众多。’）”

在这段话中，巴菲特重点强调了喜诗糖果在收益增加和自由现金流增加方面所起到的重要作用，那么喜诗糖果为什么能够依靠4000万美元的运营资金，产生8200万美元的税前利润呢？原因就在于它是轻资产。事实上，在其他行业中，一家企业想要获得8200万美元的税前利润，也许需要花费4亿美元甚至更多的资金才能做到，它需要花费很大一笔钱来投资固定资产，并维持这些固定资产的运营，而喜诗糖果并没有这样的开支需求。

一直以来，巴菲特都非常喜欢投资轻资产的项目，喜诗糖果是轻资产，可口可乐也是轻资产，可口可乐自己并不生产可乐，而是让其他可口可乐瓶装商生产，可口可乐公司会以注资（通常是50%以下）的形式参与瓶装商的生产活动，并为瓶装商提供浓缩液。可口可乐获得了绝大部分的利润，而瓶装商的收益非常微薄；不仅如此，瓶装商的业绩从来没有纳入伯克希尔的合并报表中。像可口可乐这样的公司，拥有充沛的自由现金流，即便是在最糟糕的盈利情况下，这些自由现金流也能够支撑可口可乐公司坚持更长时间。

巴菲特如此喜欢轻资产，就是因为轻资产在获得自由现金流方面具有先天的优势，因为轻资产在运营和维护方面的支出更低一些。正常情况下，随着公司的发展和成熟，新的资本投入虽然一直会增加，但是资本回报率越来越低，直到边际回报率等于资本成本，这个时候增加的资本所产生的投入和其产生的收益持平。此时也就意味着已经没有新资本的注入，企业面临资金匮乏、低回报率、收益增长放缓的问题，自由现金流会逐渐降低。这是一个正常的发展流程，任何公司都难以逃避。不过相比之下，轻资产公司具有一点优势，它们由于维护资本的支出较少，因此能够产生更多的自由现金流；而资本密集度高的重资产公司，资金将会继续处于匮乏状态，其发展也容易遭遇危机，未来的发展形势并不明朗。

在巴菲特追求现金为王的投资理念时，轻资产就成为一个理想的投资模式。事实上，轻资产具有更大的灵活性，没有资产折旧成本，没有固定资产维护成本，且能够在运营管理日益完善的前提下强化整个盈利体系，为此，它正日益受到投资者和经营者的关注。比如，万达集团曾经也是一个知名的地产公司，走的是重资产发展道路，可是随着资本负债率的增加，万达开始谋求转型，积极去地产化，重新选择发展文化旅游业务的轻资产模式。像阿里巴巴、腾讯也在走轻资产的道路，而随着互联网的发展，越来越多的企业和行业开始从重资产向轻资产转型。

投资轻资产对于多数投资者来说都是适用的，如果投资者希望在自由现金流方面获得更多的优势，那么轻资产绝对是一个更好的选择，而且从社会需求的角度来分析，轻资产的需求更高。因为随着社会分工不断精细化，一般直接面向消费者的大多是轻资产。

最常见的轻资产有以下几种：

电商

电商和传统商业模式的最大区别就是轻资产，传统的商业模式需要线下的商铺或者厂房来支撑商业运作，而电商追求的是渠道供应模式的革新，依靠互联网的连接，商家根本不需要商铺和厂房，甚至连库房也可以省去，只需要借助网络调动资源，在线实现交易即可。比如，一个在网上卖西瓜的人，可以在接受订单之后，联系上瓜农或者西瓜种植基地，让其直接发货。在整个过程中，商家甚至都不用直接接触商品，也没有什么太大的成本消耗。像如今的直播带货大多是这种经营和供货模式，可以用最少的成本获得充足的现金流。

自媒体

传统的媒体需要办公大楼，需要一个有规模的团队，需要印刷机器、录播的设备，等等；而自媒体非常简单，只需要一个手机或者一台电脑就能完成相应的传媒工作。相比于传统媒体，自媒体更加灵活、高效，而且成本更低，做得好的话，往往拥有很可观的现金流。

在线教育

在传统的线下教育中，教育是一项成本很大的投资项目，无论是开办学校，还是培训机构，都免不了要购置一些重资产。学校大楼，日常的教学仪器和设备，日常的学习用具（桌椅）和生活用具（床），基本配套设施（室内外的活动场地和相关设施），这些往往会消耗很大一笔钱，很多学校（一些私立学校）都是亏损经营的。相比之下，线上教育就具备了轻资产的优势，只需要一些简单的直播器材，以及在网站和平台上注册就行，成本很低，维护费用非常少，但是收益却非常可观。

咨询行业

发展咨询业务也是轻资产的一种常见模式，它一般不用原材料、厂房、设备等有形资产，主要的资产基本上是管理的经验、制度和流程控制、资源整合能力、社会关系的把握、品牌影响力、企业文化等无形资产，这些无形的核心资产占据了大部分的资金，因此在运营中非常灵活，而且成本很低，现金流往往比较大。

对于普通投资者和经营者来说，以上几种都是比较适合的轻资产项目，无论是创业还是投资，都可以确保现金流的充裕。

现金为王并不意味着肆无忌惮地储备现金

2009年，巴菲特在写给股东的信中谈到了现金的控制问题："如果很长一段时间内一直执着于现金等价物（指极容易和很快可转换成现金的资产，持有这种资产如同持有现金）或者长期政府债券投资，其后果一定相当恐怖。当然，随着金融局面的进一步动荡，持有这些资产的投资者会越发自我感觉良好，甚至到自鸣得意的地步。当他们听到所有评论都在说'现金为王'时，他们越发感觉自己决策英明。这些为王的现金不仅不能带来任何收益，而且随着时间推移，购买力也在不断下降。"

企业需要现金用来防备一些意外事件的冲击，尤其是当行情不好或者发展陷入泥潭的时候，企业的发展会受到制约，这个时候拥有更多的现金，也就意味着可以有更大的资本和更多的投资方向来摆脱当前的困境。但是过多的现金同样不利于企业的发展，往往会成为一种负担。

首先，过多的现金储备，往往意味着企业的资金的使用效率较为低下，意味着企业的发展遇到了问题，无法寻求一个更好的投资。很多优秀的企业拥有充足的现金流，但都会及时寻找到合适的项目，尽可能花掉一部分钱，所以一方面会有大量现金入账，另一方面又把现金投入新的项目中去，提升利用的效率和利用的价值，这样就可以形成一个良性循环。如果大量现金堆积在手中，就意味着企业的发展陷入停滞，或者扩张之路陷入停滞。对于投资者或者企业来说，长时间把大量的现金留在身上并不合理，因为钱越是留在身上，机会成本越大。

假设某人开饭店存下了100万元，这100万元留在家里，基本上没有太大的用处，每年还要贬值几万元。如果将这笔钱存入银行，每年的利息是2.4万元左右。与其如此，不如将这笔钱用于投资，比如拿出20万元购买理财产品，或者拿出50万元投资其他项目，这些项目的潜在收益都远远超过银行利息。可以说把100万现金留在身上的机会成本很大，这对个人未来的发展非常不利。

其次，大量的现金留在手上只会降低它们的价值，因为考虑到通货膨胀和货币贬值，现金储备越大，也就意味着亏损越多。储备的时间越长，也就意味着手上的钱贬值越多。如今有很多人仍旧执着于选择去一、二线城市购买房子，原因就在于即便这些房子不会快速增值，但至少足以用来对抗通货膨胀，而把钱留在手上或者存到银行里都无法逃避贬值的风险。

对于企业所有者和投资人来说，手上长时间拥有大量现金并不是什么好事情，对他们来说把钱花出去或者说找到一个很好的花钱方式，要比把钱留在手上更安全，他们需要利用钱生出更多的钱，需要借助资本来收获更大的收益。

最后是安全问题，大量的现金储备会提升安全风险，一旦发生火灾或者失窃，会造成很大的损失，即便是银行也不能保证资金万无一失。

正因如此，巴菲特建议投资者和经营者在提升现金流的时候，也要想办法选择寻找新的投资渠道，尽快把现金利用起来。比如投资一些新的优质项目，通过寻找理想的新项目来实现资本的运作，从而确保现金流处于激活状态，并产生更大的现金流。扩大产能和产业规模也是一个可行的方法，既然现有的生产线和生产模式能够带来丰厚的现金回报，那么选择扩大生产是一个比较可行的方案。对于上市公司来说，还可以通过回购股票的形式实现，毕竟能够产生大量现金流，就证明了这家公司的盈利能力和投资的空间。

管理者或者投资者不能为了投资而投资，要确保自己的投资能够产生理想的回报，能够产生足够的现金收益，只有找一些回报率大的优质项目和优质企业进行投资，才可以确保整个系统运作起来。如果没有找到合适的投资项目，那么可以选择存入银行。

除了对外投资和回购股票以外，管理者也可以将资金用于完善内部管理、提升技术水平以及改造内部流程等方面，由于企业需要花钱的地方很多，与其把钱留着，还不如想办法将其用于各项配置的提升上。比如拿出更多的钱用于技术研发，用于机器和厂房的保养维修，或者用于人才的培训工作。世界上最出色的那些科技公司，每年都会投入巨资用于技术研发和人员培训当中，在他们看来这些开支会带来更大的回报。

总的来说，在整个资本运作当中，如何把钱花出去是一个重要工作，只有想办法把资本运作起来，才能够发挥它们的优势，也才能够真正发挥资本创造财富的功能。所以真正懂得经营和投资的人，在努力增加现金流的同时，会想方设法把钱投入能够带来更多发展机会的项目上。

需要注意的是，现金流充足与否，并没有一个明确的标准，对一家小企业来说，1000万元的现金流已经非常充足了，而对于那些大公司来说，这点钱根本什么也做不了。所以现金流是多还是少，应该具体看看企业的发展、投资的需求和企业的体量。对于那些体量相对较小的企业，拥有充足的现金流并没有什么太大的问题，毕竟它们对于再投资的需求没有那么强烈；但对于体量很大的企业，尤其是上市公司，企业的管理者必须将现金流控制到一个合理的水平，这样才能够保证企业和股东的收益最大化。

第四章

坚持长期持有，从长远利益出发

利用复利实现财富倍增

在1964年1月18日巴菲特所写的第十四封致合伙人的信中，他谈到了一个很有趣的问题：“1540年，法国的弗朗西斯一世花了4000埃居（法国古货币），买了达·芬奇的名画《蒙娜丽莎》。有的合伙人可能不关注汇率变动，当时的4000埃居相当于2万美元。如果弗朗西斯一世头脑清醒，能找到税后6%的投资，这笔钱现在值1000万亿美元。这可是美国当前国债的3000倍。可这一切都来自每年6%的投资收益率，够震撼了吧！听我讲完这个故事，各位还会有兴趣继续去研究哪些画值得投资了吗？”

只要有足够长的时间跨度，只要有足够理想且持续性的利息，那么就可以将2万美元变成1000万亿美元，听上去有些不可思议，但这就是财富增长的真相，而这个真相正是巴菲特非常喜欢的“复利”。想要了解这个词汇的含义，可以从储蓄入手，很多人去银行存钱会选择定期，其中一部分人喜欢存一年定期，然后将一年的利息取出来，然后接着把本金放到银行再存上一年，这样一来，每年都会形成固定的本金和固定的利息，这种计算利息的方式就是单利。假设一个人往银行存1万元，利息为2%，然后每年都按时取出利息，那么每年获得的利息只有200元。

与单利相对应的就是复利，它是一种利滚利的形式，基本原理在于将每次获得的利息纳入本金继续投资，第二次投资的本金就包含了第一次投资的本金和获得的利息，接下来，人们在进行第三次投资的时候，会将第二次投资的本金和利息用作新的本金，按照这种计息方式，随着时间的推移，本金会越来越大，利息也会越来越高。

在巴菲特的投资理念中，复利是一个非常重要的组成部分，如果对巴菲特的个人财富增长过程进行分析，就会发现复利在其中扮演了重要的角色。在巴菲特21岁的时候，他好不容易通过工作和投资积累了2万美元；30岁的时候是340万美元；到了37岁，个人财产已经突破了1000万美元；43岁的时候，他积累了3400万美元。60岁以后，早年的一些投资开始不断升值，个人的投资渠道也不断拓宽，直接推动了个人财富呈现指数式增长。在66岁的时候，巴菲特成了身家178亿美元的超级富翁；而72岁时，他的资产变成了368亿美元；在83岁那年，他已经拥有585亿美元；2019年，89岁的巴菲特成功拥有800亿美元的资产。

如果从单独的投资来说，复利发挥的作用更加明显。比如在1988年，巴菲特花费5.93亿美元购入美国可口可乐公司的股票，1989年，增持到10.23亿美元，结果到1991年，这些股票涨到了37.43亿美元。到了1994年，他又增持了2亿美元的股票，总投入为13亿美元，而这些股票到了1997年已经变成133亿美元，可以说整整10年时间带来了超过10倍的收益。又如1972年，巴菲特和芒格花费2500万美元收购了喜诗糖果99%的股份，之后，喜诗糖果的投资回报率一直处于一个稳定增长的态势，结果到了2014年年底，这笔投资已经带来了超过10亿美元的税后利润。还有吉列公司，巴菲特在1989年花费6亿美元购入部分吉列公司的股票，在16年后就变成了51亿美元。而伯克希尔公司的股票从1964年至2019年，股价累积增长率更是达到了惊人的2810526%。

毫无疑问，复利成为巴菲特财富倍增的一个重要工具，而这个工具对任何人来说都有效果，但是如何利用好它是关键。而想要复利真正发挥作用，就需要把握复利的几个关键要素：首先是足够理想的利率，一般情况下，利率越高，那么潜在的收益也会越大，如果利率可以维持在一个较高的水准上，那么收益肯定更容易获得增长。其次就是足够长的时间和足够高的频率，时间跨度越长，频率越高，那么利率发挥的作用也就越大，实现利滚利的次数也就会不断累加。

以投资来说，假设项目A的成本投入是10万元，每年的回报率是10%，那么对于那些想要投资10年的人来说，可以有两种选择：第一种是每年都取出净收益，第二种是将每一年的净收益所得计入第二年的本金投入当中。很明显，第一种选择下10年的总收入为20万元。而第二种选择下的总收入为：$10\times(1+10\%)^{10}\approx25.9374$万元。相比之下，利用复利就可以在10年时间里多赚差不多6万元。如果将回报率提升到20%，时间拉长到20年，那么最终的收入又会是多少呢？答案是383.376万元。

普通人其实也可以实现财富的倍增，关键是人们是否懂得合理运用好复利，以及人们是否能够把握住一个优质的投资项目。如果说复利是一个工具，那么优秀的投资项目就是发挥复利的最佳平台。通常来说，优质的项目拥有比较可观的业务增长，回报率或者说利率会比较高，一些好的项目可以长期维持20%以上的年利率，而且优质项目发展的时间往往可以拉得很长，在长时间内保持良好的发展态势和营收。接下来，只要投资者了解复利的强大功效，保持足够的耐心，就可以充分利用时间跨度来实现财富的积累。这个过程被巴菲特称为“坡顶滚雪球”，投资者要做的就是确保坡度够长。

同样以储蓄为例，一般来说，定期存款的时间越长，获得的利息肯定会更高。但是相比于通货膨胀来说，银行的利息显然不足以抵消货币贬值带来的冲击，同样的10万元，按照2%的年利率，即便存上10年，也不过只有12.219万元。而10年的通货膨胀可能会导致货币贬值20%以上，甚至达到40%以上，这样一来钱反而会越存越亏。因此人们还是应该养成理财意识，尽可能投资一些回报率更高的优质项目，避免财产贬值。

以企业所有者的心态来看待投资

在谈到投资的时候，巴菲特这样告诫投资者：“希望你不要认为自己拥有的股票仅仅是一纸价格每天都在变动的凭证，而且一旦某种经济事件或政治事件使你紧张不安就会成为你抛售的候选对象。相反，我希望你将自己想象成为企业的所有者之一，对这家企业你愿意无限期地投资，就像你与家庭中的其他成员合伙拥有的一个农场或一套公寓。”

在巴菲特看来，一个优秀的投资者既然持有了一部分股票，那么就要将自己当成这家公司的一个组成部分，投资者投资的不是股票，而是这家公司，双方应该荣辱与共，应该结成一个命运共同体。投资者绝对不能将企业当成暂时的盈利或者套利工具，而应该着眼于企业的长远发展，他们必须意识到只有企业获得长远的发展，自己才能够获得更大的收益。所以对于投资者来说，首先要解决的问题就是寻找一家有潜力、有价值的公司，然后长期持有这家公司的股票，这既是对这家企业最大的支持与信任，也是确保收益最大化的方式。

如果说把自己当成企业所有者，是为了提升个人投资的耐性，寻求个人与企业的共同成长，那么为了提升操作能力，巴菲特则要求投资者将自己当成经营者来看待，要求投资者从具体的操作层面来思考问题，想象一下一个经营者会怎样做。巴菲特说过："因为我把自己当成企业经营者，所以我成为更加优秀的投资人。"把自己当成企业的经营者来看待，有助于理解企业的发展方向与决策动机，了解企业对未来的规划，只有把自己当成投资者，才能站在更高的角度和层面上看待企业的发展，分析企业的发展思路，做出合理的投资决策，才能够挖掘和重视这家公司的长期价值，不会因为短期的市场波动而受到影响。

还有一点很重要，那就是对比。当投资者将自己设定成企业经营者的角色时，就会在大脑中做出假想：如果我是CEO，会如何制定未来10年的发展规划；如果我是CEO，会如何管理员工，并做好股权激励；如果我是CEO，应该如何打造完美的团队。当投资者有了各种设想之后，就会对照着现有的企业管理模式进行分析，看看当前有哪些策略、方法和自己的设想不同，是不是存在很大的分歧。经过对比和分析，投资者就可以知道这家公司值不值得投资。

企业经营者的思维和想法是投资者缺乏的，他们看待问题的方式，经营的理念都和投资理念不一样，相比于投资者，企业经营者要看得更远、更广，要思考的东西也更多。比如在谈到喜诗糖果的时候，巴菲特说过这样的话："持有可口可乐公司的股票是一回事，但你真正开店做决策和定价时又是另一回事。我们从喜诗糖果的经营经验中赚到的钱，比从喜诗糖果本身赚到的钱要多得多。如果不是买了喜诗糖果，我们就不会买可口可乐。我们有幸买下了整个公司，这教会了我们很多东西。”按照巴菲特的理解，经营一家企业和持有一家公司的股票是完全不同的，一个真正的投资者应该学习和吸收企业家的经验，甚至有必要去通过经营一家企业来积累经验。对于投资者来说，只有按照经营一家企业的心态和思维去投资，只有按照经营一家企业的方式去投资，才能更好地了解一家企业是如何变得更加优秀的，也才能真正把握住企业的发展规律和内在价值，了解什么值得投资，什么应该趁早放弃。

当然，投资和经营企业本身就是相互促进的，经营可以帮助投资者了解更多关于发展的要素，可以更好地帮助投资人挖掘企业的内在价值，也能找到更多投资中可能遇到的问题以及一些思维上的遗漏。而投资同样可以以旁观者的姿态来分析企业的运营情况，相比于经营者的“当局者迷”，以投资的角度去分析企业，可能会找到更多的发展机会。

很显然，对于投资者来说，投资不能停留在“我要从企业中获得多少收益”的层面上，他们必须产生一种经营企业的代入感，必须将自己当作企业的一部分，只有成为企业的一部分，人们才有更强烈的使命感，才有可能更多地考虑企业未来的发展，并且想办法推动企业变得更好。比如有很多公司在发展过程中会融资，或者通过上市来出售股票，获得外来资金是一件好事情，但问题往往也随之产生，很多投资人只想着挣热钱和快钱，从来没有替企业的长远发展考虑，常常会利用资本进行干预，所以很多有潜力的企业在上市之后，反而失去了发展的节奏，原先好的项目被搁置，原先好的计划被迫终止，企业甚至会为了迎合股东的想法而改变发展方向。

比如，华为公司选择不上市，很大一个原因就在于华为的领导阶层有自己的发展计划，他们想的是未来几十年的发展格局，如果上市之后，就容易受到股东资本的影响，因为华为无法保证股东是否也会像自己那样思考发展问题。考虑到股东的目的是快速挣钱，也许华为无法像过去一样将10%的收入投入研发工作当中，也许华为可能会被迫开启多元化道路，进入地产行业，进入互联网行业，进入那些来钱快的行业，而这些无疑会摧毁华为的未来发展之路。反过来说，如果投资者可以像企业家那样思考问题，可以把自己当成企业所有者来看待，那么就会真正从长远发展来考虑，就会选择长期持有股票。

对于投资者来说，必须改变自己的投资心态，提升自己的投资思维层次，必须改变自己的定位，如果自己真的找到了一家优质的公司，那么就要明白一点，这家公司未来的发展会很明朗，未来会给你在经济上带来更大的收益，那么自己从一开始就要保持长期持有股票的想法，并且自己必须融入团队当中，将个人利益的获得建立在企业发展的基础上。

注意从全局来考察一家公司

“投资者在评估伯克希尔时，有时候会过度关注我们众多不同业务的细节，也就是我们所谓的‘树木’。由于我们有大量不同的样本——从细嫩枝条到参天巨木，分析这些样本会让人头脑发麻。我们有些树木可能罹患疾病，可能撑不过10年了。而其他一些树木，必将成长得高大健美。

“幸运的是，想要粗略估计伯克希尔的内在商业价值，没有必要单独去评估每一棵树，那是因为我们的森林包含五个重要的‘果林’，每个果林都可以相当准确地进行整体评估。其中四个果林是按照不同的业务和金融资产划分的集群，这样很容易理解。第五个果林——我们庞大而多样化的保险业务——以不太明显的方式为伯克希尔提供了巨大的价值。”

巴菲特认为一家企业的好坏，并不在于某一个项目或者某一种业务，它可能是一种组合，可能讲究诸多业务的共同表现，单纯从某一个细节或者某一个方面来考量一家公司是否值得投资，或者单纯从某个方面来评估企业的价值，显然是不合理的。企业是一个集合体，包含了各个方面的要素，抓住某一个要素而忽略其他方面的表现，无疑会导致狭隘的认知和偏见的产生。

举一个非常简单的例子，随便找一个路人，让他谈论一下对诺基亚的看法，我想多数人都会这样回答："现在的诺基亚已经倒闭了""诺基亚早就没生意可做了""诺基亚是一家被淘汰的公司""诺基亚变成了一家不入流的公司"。但事实上，在2021年第一季度，诺基亚的净销售额达到了50.76亿欧元，虽然已经无法和苹果公司相提并论，但仍旧是一家体量巨大的跨国公司和上市公司。为什么它会和多数人想象中的不一样？原因就在于人们提到诺基亚的时候，只会想起它在手机业务上的失败，只想着它是一个被市场淘汰出局的手机品牌，却不知道诺基亚在通信基础业务方面（5G业务）有很大的竞争力，手机一直以来都是其中的一个业务。

只见树木不见森林，是投资的大忌，因为一家公司的发展是以整体实力做支撑的，是以整体的实力作为估值标准的，单一项目、单一业务、单一资源或许会在区域市场或者项目范畴内作为估值的标准，但绝对不能用于整个企业的评估。

如果认真观察，就会发现投资者在评估一家企业的价值时，对业务的狭隘认知是最常见的一种现象。投资者可能会抓住某一项业务进行分析，而忽略其他业务的价值，也可能只看重业务中的某一个项目进行分析，却没有从整个业务的实施情况方面进行分析，单一项目的好坏往往决定一家企业的价值。

比如，投资者在观察一家新公司的时候，发现这家公司在建筑设计方面的表现并没有比其他一流的设计公司更好，于是就打算放弃这笔投资，可事实上，建筑行业只是这家企业发展出来的一项副业而已，对于企业来说无足轻重。这家公司的支柱产业是轮胎制造和医疗器械制造，都是区域市场内数一数二的，此外还有地产业务和营养品开发业务。全方位来看，这家公司的实力非常惊人，完全值得进行长期投资。

又如，投资者可能觉得这家公司在某城市的建筑设计并没有太多的优势，但在其他城市、其他地区的市场上占据了垄断地位。选择单一城市作为标本来检测，未免太过草率，根本不能够真正了解公司在这项业务上的价值与竞争力。

所以，想要了解一家企业的实力，就要了解其每一项重要业务，要对那些重要业务进行全方位的剖析。同样的情况在内部的资源配置上也会出现，由于企业具有不同的资源，而且可能会在不同资源上具备不同的优势，对单一资源或者单一地区资源配置的分析同样会导致误判的发生。就像苹果公司一样，一些投资者认为苹果公司的创新技术已经不占优势了，未来的市值会不断下降，市场规模也会下降，却忽略了苹果公司拥有完善的销售体系（优秀的销售团队和高效的销售渠道），拥有iOS生态系统（增加用户的黏性），拥有强大的品牌影响力（持久的吸引力），拥有充足的现金流（出色的盈利能力），拥有完整而高效的供应渠道和无可比拟的成本控制系统（它的利润是最高的）。一些投资者会根据苹果公司在中国市场资源的减少而做出苹果下滑的评判，但事实上，苹果公司开始将资源转移到印度以及欧美市场，在其他领域，资源投入是逐年增加的。

很显然，仅仅通过某一地区的资源组合与资源配置就做出判断，并不能完整地了解企业的资源优势以及资源配置的侧重点，这样对企业未来的发展就会丧失精准的判断。

一些区域市场的发展不均衡，也会引发投资者片面的推导和认知，他们容易依据某一市场的表现来评估整个企业的市场竞争力。其实很多优秀的公司都拥有一片伟大的“树林”，就像巴菲特所说的那样，在这片树林中可能会有一些病死枯死的树，可能会有一些畸形发展的树，也可能会有一些营养不良而无法长高的树，但投资者没有必要只抓住那些不良资产大做文章，优秀的公司自然会构建强大和完整的生态，只有看到整片树林，才能真正做出合理而正确的估值。

正因如此，在投资的过程中，投资者应该避免单一的信息评估模式，尤其是面对那些跨国企业和具有多元化业务的企业，更应该拓展视野，尽可能全方位地了解企业的各项优势与各项业务的发展，计算企业的总价值，从而确定自己是否值得长期持有该公司的股票。

那么投资者应该如何从全局进行把握呢?

首先，投资者不需要把握所有的业务，但要注重对那些关键业务和重要业务进行分析，具体来说，就是看看这家公司营收额最大的几项业务，或者占比最大的几项业务，看看这些业务是不是具备长久的竞争力，是不是具有强大的盈利空间，是不是能够带来充足的现金流。

其次，投资者要仔细认真评估企业的资源组合和资源配置，对一家企业来说，单一资源很多时候无法决定企业发展的未来，它可能会依赖那些合理的资源组合与配置，并依赖组合来发挥作用。比如华为公司的5G技术在市场上具备了很大的优势，但是它还有其他的优势——更低的价格，更人性化的服务，优秀的竞争文化。诸多资源和优势的搭配，才使得华为5G在面临西方打压和排挤的时候，仍旧获得不错的订单。因此在分析的时候，应该综合各项资源进行评估，而且要侧重于对资源组合的优势进行分析。

最后，投资者要强调对那些关键市场进行分析，看看企业在这些市场上的表现是不是真的可以支撑起未来的发展。一家跨国公司在欧洲市场表现不佳，但如果在非洲市场、亚洲市场和拉美市场具有绝对的竞争力，那么可以说它同样具备扩展国外市场的资本。

以合适的价格买入优质股，确保足够的获利空间

“我们投资股份的做法唯有当我们能够以合理的价格买到足够吸引人的企业才行得通，同时也需要温和的股票市场做配合。然而市场就像老天爷一样，往往会帮助那些自助的人，但与老天爷不一样的地方是，它不会原谅那些不知道自己在做什么的人。对投资人来说，买进的价格太高将抵消这家绩优企业未来10年良好的发展所带来的效应。

“所以当股票市场涨到一定的程度，将使我们有效地运用资金买进股份的能力大打折扣，甚至完全消失。这种情况会不断发生，就像在10年前当股市到达狂热的状态时（由于高股东权益报酬股被机构投资人捧上天），伯克希尔的保险子公司（不包括蓝筹印花公司股权在内）仅仅持有1800万市值的股票，仅占保险公司投资总额的15%（相当于现在的80%），在1972年有和现在一样多的好公司，但和现在比它们当时的股价实在有点离谱。虽然股价高涨对公司短期账面表现有所助益，但就长期

而言反而会影响企业的前景，而目前我们已观察到一些蛛丝马迹再度出现。”

这是巴菲特在1982年的致股东信上说的一段话，信中谈到了一个观点，那就是以合适的价格购入优质股，事实上巴菲特一开始师从格雷厄姆，喜欢购买廉价的股票，他认为越是廉价的股票越有上升的空间，但他却忽略了企业的内在价值，所以后来他将目光锁定在那些价值高的企业上，但是片面强调价值而忽视价格同样会带来问题。假设一家公司最初的股价是每股4元，20年之后涨到每股40元，按照分析，这只股票可能会上涨到44元左右。那么实际上以每股40元或者41元入手的人都不得不承担一些风险，更重要的是即便股价上涨，也已经没有多少利润空间了，因此每股40元并不是一个合理的买入价格。巴菲特将价值和价格结合起来分析，形成了自己独特的价值投资理论。

就像谷歌公司的股票一样，虽然谷歌公司的股票值得长期持有，但是按照现在的价格购入，盈利空间相对较小，毕竟谷歌公司的股价已经到了很高的位置上，也许它还存在继续上涨的空间，但空间不会太大。对于投资者来说，谷歌公司现在的股价并不具备太大的吸引力，尽管它的内在价值很高，但买入的价格并不合适。

对于投资者来说，片面追求低价格，或者只看重价值而不看重价格，往往只会给自己增加风险和负担。就像巴菲特强调的长坡上滚雪球一样，想要让雪球滚得越来越大，那么坡度必须保持一定的陡度，雪地也要有一定的湿度，而且坡度必须很长，而在一个不合理的价格上购入一只优质股，就像在一个没有什么坡度、湿度不够的长坡上滚雪球，雪球可能很难滚大。高价格会剥夺优质股很多的成长空间，尽管有可能价格会涨到更高，就像伯克希尔公司的股价一样（最近几年仍旧在疯狂上涨，2007年12月每股达到了99800美元，2017年，股价突破了30万美元的大关。结果到了2021年5月，股价飙升到437131美元），但对于多数投资者来说，在高价位上购买股票仍旧不是一个明智的选择，毕竟像伯克希尔这样的公司太少了。

从投资的角度来说，长期持有的目的是通过复利来提升自己的收益，或者单纯地等待企业不断释放自己的价值，如果价格太高的话，那么长时间就失去了价值提升的作用。但是这种价格高或者低，并没有一个明确的数据界限作为标准，类似于伯克希尔公司的高股价，有人觉得并不算太高，而有的企业，即便涨到了6000元，也有人觉得股价高得很离谱。想要确保自己买入的价格不会太高，那么首先要做的就是进行估值。内在价值才是股票价格的基础，不过由于企业的发展状况不一样，有时候内在价值会明显高于股价所表现出来的价值，有时候会低于价格体现出来的价值，有时候会保持与价格相对应的价值。对于投资者来说，能够以低于内在价值的价格购买股票，无疑会带来更大的收益。投资者必须想方设法进行估值，通过一些常见的估值方式（毛利率、净资产收益率、净利率、现金流、市盈率、竞争优势）对企业进行估值，并且对照当前的价格进行分析，看看是不是值得购买。

企业的内在价值决定了价格，同样地，它也决定了未来的发展空间。一般来说，在评估一家企业的时候，需要看看它所处的发展阶段，是发展初期、上升期、稳定期还是衰落期，不同时期会有不同的估价，投资者必须保持更加出色的评估能力。很多优秀的企业已经进入发展的巅峰期，市值和股价都达到了顶峰状态，此时花大价钱投资，可能获得的利润非常有限，因此不会是一个理想的投资。反过来说，如果一家企业的估值很高，而且处于发展的初级阶段，那么即便价格很高，未来也会有良好的增值空间。

此外，对整个行业发展情况进行分析，看看行业是不是已经成为夕阳产业，或者是不是还有很强的发展空间，行业的发展状况和产业环境往往会反映出行业中各个企业的发展前景。即便是一家优秀的企业，如果处在一个不好的产业环境中，未来的发展一样会受到影响。比如很多传统的能源企业，在估值方面就会受到产业发展的影响，价格太高的话，风险也会很大。特斯拉的市值和股价为什么会超过众多传统的汽车品牌，一度蹿升到世界第一的位置，原因就在于新能源汽车代表了汽车未来的发展方向，而传统能源的汽车迟早会被淘汰。在一个新的产业当中，特斯拉的股价虽然很高，但还是有增长的空间。

总的来说，对于投资者而言，寻求合理的价格进行投资，才是真正把握收益的方法，而想要避免价格过高，就需要对企业内在价值进行评估，还需要对企业的发展环境进行分析，确保自己能够为长期持有股票留出更大的获利空间。

高质量公司的股票值得长期持有

在2020年第四季度，伯克希尔减持了3.7%的苹果股票，此举引发了不小的震动，要知道巴菲特此前在多个场合都明确表示苹果公司是一家优秀的公司，非常值得投资，即便2020年遭遇了严重的新冠肺炎疫情，伯克希尔没有追加投资，继续买入苹果股票，也不应该选择抛售部分股票。

巴菲特的操作引起外界一片哗然，伯克希尔公司内部的不少股东也对这样的操作表达了不满，巴菲特没有多说什么，在他看来，伯克希尔公司持有的苹果股票已经足够多了，抛售一部分只是为了确保投资处在一个安全区间。巴菲特的说辞并不能让人满意，因为大家都知道他一直都强调好的项目应该继续追加投资，强调长期持有股票，现在选择抛售股票，只能表明他对苹果公司的发展失去了信心。结果到了2021年，苹果股票继续上涨，在2021年5月1日的年会上，巴菲特承认苹果的股价“非常便宜”，自己出售部分苹果股票的行为是一个错误。

这一次的错误显然违背了他一贯的投资风格，像可口可乐、喜诗糖果这样的优质股票，巴菲特一直没有出售，就是因为他觉得只有长期持有优质股，才能尽可能释放优质股的价值，这是他价值投资理论中非常重要的部分。对于巴菲特长期持有股票的行为，很多人认为这是一种四维思维，格雷厄姆发现了价值与价格的二维关系，按照格雷厄姆的说法，人们应该尽可能选择那些廉价的股票，因为廉价的股票成本低，增值的空间比较大，股价容易出现上涨，价值和价格之间以一种比较简单的关系存在。巴菲特一开始也学习和模仿格雷厄姆的操作，选择一些廉价股票，但是他渐渐发现很多廉价股票本身并没有什么价值，根本不能支撑起未来的成长，所以放弃了购买廉价股票的策略，转而从挖掘企业价值入手，改进格雷厄姆的投资理论，融合了价值与成长，然后利用市场建立起了一套三维体系，简单来说，就是以合适的价格购买那些高价值的股票。但这个三维体系同样不完善，因为企业的价值可能并不能持久，一些当前看起来非常好的投资项目，在后续发展过程中可能会失去活力，因此他在查理·芒格的帮助下把时间轴纳入考量范围，强调只有那些具有长期发展和竞争优势的项目才值得投资。

长期投资的目的是借助复利实现利益最大化，优质股的盈利能力很强大，如果加上更长的时间维度，未来的收益会非常可观，很多高质量公司的年增长率达到了20%以上，借助复利来估算，创造的价值增长会非常惊人。但事实上，很多投资者在优质项目上的投资会显得犹豫不决，最重要的就是短期收益同样很不错，他们反而很容易被诱惑。假设一家公司每年都有20%的回报率，一个投资者投入了100万，那么这个投资者可能会产生两种想法：第一种就是每年都将公司里获得的20%的分红取出来，这样就可以保证自己每年都有固定的收益；第二种就是把投资时间限定在5年以内，在他们看来5年就可以挣到不少钱了，没有必要继续投资。

巴菲特曾经批评市场上有很多伪长期投资者，这类人更像是中期投资者，持股时间可能3年或者5年，他们既希望可以像长期投资者那样借助时间和复利盈利，又无法逃离短期投资者的技巧性操作模式，所以最终可能会以一种折中的方式进行。这种观望又摇摆不定的投资模式往往会带来很大的麻烦，他们可能无法像短期操作的高手那样依靠强大的技巧来把握转瞬即逝的商机，也无法像长期持有者那样让复利发挥出更大的价值，或者等待企业成长到更高的高度上。事实上，这些人可能也无法像真正的中期投资者那样（尽管持股时间差不多），他们也许无法真正选择那些适合中期投资的项目。

长期持有并不意味着永久持有（对多数人而言，这也是不现实的），但长期持有的时间维度应该尽可能拉长一些，尤其是那些具有很大潜力以及内在价值非常高的高质量公司，更应该把持有的时间拉长一些。如果人们有机会在早期就购入可口可乐、苹果公司、谷歌公司、茅台等这些优质股，那么绝对有理由连续持有几十年的时间，事实上，像这样的高质量公司并不多见。

那么什么是高质量公司呢？按照巴菲特的理解，一个优质的公司通常具有以下几个特点：

——拥有一个易于理解的企业经营模式。

——该公司的财务报表足够透明清晰，不存在欺骗、隐瞒和伪造。

——公司的产品拥有强大的定价权，政府没有对价格进行管制。

——公司的经营业绩整体上稳步上升，而且是可预测的。

——公司已经动用的资本回报率非常可观。

——公司拥有充沛的由会计收益转化而来的自由现金流。

——资产负债表非常强劲，没有过度的高财务杠杆。

——公司的管理层看重股东切身利益，专注于释放股东价值。

——与狂热的并购活动相比，公司的增长更倾向依赖于内生性的举措。

对于投资者来说，只要满足以上几个条件，就可以认定这是一家出色的公司，就值得长期投资。而在长期持有的过程中，虽然没有时间上的硬性规定，但应该尽可能延长时间，尤其是在企业发展势头良好的时候，更需要把时间拉长。一般来说，投资者可以对企业进行估值，看看未来几年的发展是否可以支撑起更高的估值，如果估值很高，那么就表明未来几年的发展是值得期待的，那么就完全可以继续延长投资时间。

需要注意的是，有些廉价的投资项目会时不时表现出发展的潜力，短期内还会产生不错的现金流，使人觉得它们可能会变得越来越好，但它们只是看起来很好，投资者低价购入之后，会期待着它们的股价越涨越高，但股价上涨的持续性很差，一直在波动。面对这种情况，最好的方法就是进行合理的估值，一旦意识到估值很低，那就不要浪费时间投资。

比如在1980年，巴菲特和股东们聊起过去投资中的一些失败经历，他从中得出了一些感想："最后在经过多次惨痛的教训之后，我们得到的结论是，所谓有'转机'的公司，最后鲜少有成功的案例，所以与其把时间与精力花在购买廉价的烂公司上，还不如以合理的价格投资一些体质好的企业。Waumbec虽然是个错误，但所幸并未酿成灾难，部分的产业仍对位于新贝德福德的室内装饰品生产线（这是我们最强的业务）有所助益，而我们也相信曼彻斯特在大幅缩减营运规模之后，仍将有获利的空间，只是我们原先的理论被证明不可行。”在巴菲特看来，一个好的企业或者一只优质股票，从一开始就会表现出增值的潜质，而很多廉价的公司，即便会有短暂的良好表现，但从长远来看，根本不可能变成高质量的公司。

保持耐心，学会慢慢积累财富

有一次Airbnb的CEO布莱恩·切斯基和亚马逊的CEO贝佐斯在一起聊天，其间，两个人谈起他们共同的偶像巴菲特，切斯基问贝佐斯："你觉得巴菲特给过你的最好建议是什么？"

贝佐斯回答说："有一次我问巴菲特，你的投资理念非常简单，为什么大家不直接复制你的做法呢？结果巴菲特说：'因为没有人愿意慢慢地变富。'"巴菲特就是典型的慢慢变富的人，至少和比尔·盖茨、贝索斯、扎克·伯格、埃隆·马斯克等人相比，他积累财富的时间更长，尽管他自己也声称大部分财富都是50岁以后才积累起来的，但是考虑到如今的高龄，实际上也有40年的时间了，而这些财富都是建立在长线持有的那些优质股上。

而对于很多人来说，似乎没有那样的耐性，他们更加期待能够一夜暴富，正像巴菲特所说的那样："很多时候，人们宁愿得到一张下周可能会赢得大奖的抽奖券，也不愿抓住一个可以慢慢致富的机会。”为了尽快致富，投资者会想到挣快钱的方法，会进行风险投资，会倾向于短期投资甚至是投机。尽管没有准确的统计数据，但是可能80%以上的股民都是短期投资者，他们都在搜寻那些能够短期内挣大钱的股票，都想着在风险游戏中快速积累财富，让他们花费10年或者20年时间去挣钱，多数人都会拒绝。

从心理层面来分析，人们更加倾向于获得眼前的利益，这是即时满足的一种需求，假设一个项目有两种盈利方式，第一种是第二天获得5万元，另一种是一年以后获得20万元。多数人都会选择前者，原因很简单，5万元很快就能获得，能够满足即时的需求，而20万元需要等待一年时间。

正因为心理上很难接受长时间才能获得回报，人们更喜欢通过一些具有风险和技巧性的项目去盈利，甚至可能会在一些低概率的项目上寻求机会。比如一些回报率数十倍，但成功率不足10%的项目，最常见的就是福利彩票，很多人都妄想着可以用2元的投入撬动500万元的奖金，结果可想而知。在短期投资的过程中，很多人倾向于投机，他们往往会忽略投入的成本，忽略成功的概率，一心专注于潜在的收益或者回报率，一心想着如何在下跌和涨价之间赚取差价。

事实上，短期投资中也有很多大师级别的投资者，但是相比于中期投资和长期投资，短期投资更加注重技巧，对于投资者来说，要求非常高，而多数投资者可能并不具备这样的能力，他们对于涨跌的判断能力不足，而且很容易受到市场情绪的影响，有可能会快速积累财富，也有可能会迅速亏掉所有的股本。

相比之下，长期投资者更加看重选股能力以及耐心，尤其是耐心，这里的耐心包含了几个方面的内容：

——投资者要善于等待机会，在好的机会没有出现之前，不要贸然出手，因为真正的长期投资者也是优质股的挖掘者和投资时机的掌控者，他们知道应该在什么时候出手，懂得应该选择合适的投资项目，在好项目没有出现之前，他们会选择继续等待。正因为拥有足够的耐心，他们愿意长时间等待。所以投资者需要花费更多的时间和精力来搜寻优质股，花费时间来追踪各个目标公司，尽可能建立完整的数据库，然后通过数据库来挑选合适的企业。

——投资者愿意等待那些潜力股成长，给予潜力股更大的成长空间，只要认定某个企业具有很好的发展前景，他们就会果断进行投资，即便这些企业可能需要在几年甚至十几年以后才能产生丰厚的回报。相比于那些希望即时收到回报的投资者，长期投资的人必须保证自己能够着眼于未来。一些大的股东，可能会通过自身的影响力和股本份额来影响这些潜力股的成长，甚至采取揠苗助长的形式，这样都不利于企业的成长，合格的投资者应该对自己所投资的企业，自己所投资企业的管理层保持更大的耐心，等待整个团队和管理层的成长同样非常重要。

——投资者必须考虑到时间的积累和复利的作用，也许每年的回报率不会太多（短期投资可能会有百分之几百的回报率），但是通过时间的作用，就能够不断放大财富的增长效应。对于投资者来说，一旦他们发现了优质股，就要认真计算增长率与复利，然后就是慢慢等待价值的增长。为了确保投资效益最大化，一定要保证投资的持续性，不能中途抛售，不到万不得已，也不要轻易将获得的收益提前取出来，只有在一个较长时间段内持续持有股票，才能够真正提升复利的价值。

——提出了有效市场理论的尤金·法玛认为市场是有效的，投资者可以根据市场上出现的信息快速做出反应，从而推动股价的涨跌，因此长期投资不可能赚到钱。但是巴菲特认为市场上的投资者并不都是理性的，他们的信息也不一定充分和可靠，只有少数理性的人才可以把握住机会。因此投资者必须保持理性和镇定，忽略波动对股价的影响，忽略波动对市值和企业发展的影响，不能因为一点起伏就选择抛售股票。在长期投资者眼中，波动是正常的现象，不会对企业的价值产生什么影响。在必要的时候，可以选择不理会那些波动，至少相比于短期投资者每天盯着电脑看，长期投资者基本上不用太过关注股市的变化。当然，如果他们愿意进一步提升投资效益的话，还可以利用波动选择低价购入更多的优质股。

总的来说，投资者必须要有耐心，将自己置于一个更长的时间维度中来投资，所以个人的投资寿命同样非常重要。有人曾经询问巴菲特如何积累财富，巴菲特笑着说："活得足够久。"活得更久的确是巴菲特积累财富的一个重要因素，他也经常以此自嘲，因为巴菲特长期持有投资的模式本身就需要利用时间来挣钱，而长寿则保证了更持久的投资生命。很多人都开玩笑说，即便每年以很低的回报率挣钱，巴菲特依靠着91岁的高龄，也能积累惊人的财富。但他之所以会强调活得更久的重要性，也是为了突出慢慢致富的理念。

不要总是有末日情结

在1996年致股东信中，巴菲特谈到了长期投资的问题：“我之所以会把丑话说在前头，是因为我不希望大家哪天突然听到伯克希尔公司因为某大型意外灾害必须理赔一大笔钱时，恐慌地抛售手中的股票，而如果届时你真的会有这种反应，那么你根本就不应该拥有本公司的股份。就像是如果你是那种碰到股市崩盘，会恐慌性地抛售手中股票的人，我建议你最好不要投资股票，听到坏消息而把手中的好股票卖掉通常不会是一个明智的决定（数十年前创办可口可乐的天才企业家——罗伯特·伍德拉夫［Robert Woodruff］曾经被问，什么情况下是出售可口可乐股票的好时机，伍德拉夫简短地回答道：我不知道，我从来就没有卖过！）。”

在巴菲特看来，任何一笔投资最终都会经历风险，都会经历一个重大的损失，问题在于什么时候会出现这样的大损失和大灾难。因此人们没有必要因为一个注定会发生的事情而杞人忧天，更不能因为这样的担忧而提前放弃一个值得长期发展的优质项目。

2020年，由于遭受新冠肺炎疫情的影响，加上美股数次熔断，巴菲特的多项投资遭遇挫折，大家都建议他快点抛掉这些不良业务，加上公司盈利持续下跌，很多人都觉得巴菲特开始丧失魔力，他的眼光不再那么精准，也许高龄剥夺了他敏锐的眼光和高层次的思维。一时之间，很多股东都开始质疑巴菲特，一些人还故意谈论了接班人的事情，大家都觉得巴菲特已经不适合继续领导和掌控伯克希尔公司了，甚至于不少人认为伯克希尔公司将会继续遭遇失利，为此有不少股东干脆抛售了伯克希尔公司的股票。

可是到了2021年，伯克希尔公司迅速复苏，展示出了良好的发展势头，在2021年5月1日的年度股东大会结束后，伯克希尔·哈撒韦公司的股价表现强劲，持续上涨，伯克希尔-A股股价很快就涨到437131美元的天价水平，折合人民币是每股280万元，从年初到5月份，股价已经上涨了25.68%。这样高的股价给纳斯达克交易所的电脑系统带来了一个难题，电脑无法记录这样的高价，电脑能够处理的最大数值是429496.7295美元，伯克希尔公司的股价明显超出了这个范畴，所以从5月4日开始，纳斯达克交易所干脆暂停播报伯克希尔-A股股价。

其实伯克希尔公司的股价之所以会有这样幅度的上涨并不是毫无理由的，根据伯克希尔发布的2021年第一季度财务报告显示，公司2021年第一季度实现营收645.99亿美元，而去年同期为612.65亿美元，虽然两者的差距并不大，但是2021年第一季度实现的净利达到了117.11亿美元，而2020年同期却出现了497.46亿美元的净亏损。很明显，巴菲特仍旧是那个稳重而睿智的“股神”，在与市场博弈的过程中，他还是最终的获胜者。那些在伯克希尔公司面临亏损时感慨世界末日到来的股东，最终对巴菲特心服口服。

类似的情况在2008年也出现过一次，2008年的次贷危机，导致全球投资市场哀声一片，很多投资者都不得不提前抛售手里的股票，但巴菲特却没有受到什么影响，他照样持有几百亿美元的可口可乐股票，照样把吉列公司的股票抓得紧紧的。以至于有很多股市专家经常在熊市时这样激励炒股者：“情况的确很糟糕，但巴菲特抛售可口可乐公司的股票了吗？”

相比之下，很多投资人缺乏乐观精神。比如在2007年的A股大牛市中，很多人都信心满满地购入股票，等着股价继续上涨，突破10000点；结果2008年次贷危机引发了全球金融危机，股市持续低迷，很多人手上的股票一跌再跌，这个时候，投资者都开始感到恐慌，认为自己手里的股票会越来越不值钱，于是出现了抛售潮，恐慌的情绪四处蔓延，所有人都像遇到了世界末日一样，甚至都没有多少人敢于低价抄底，因为在他们看来股价肯定还会继续下跌，因为次贷危机本身就是一个无底洞，由此引发的金融危机大概也会变成一个无底洞。但事实上呢？股市在之后的两年时间开始慢慢复苏，很多股票重新开始上涨，很多之前看起来难以维持下去的公司，在金融危机之后快速成长。

对投资者来说，意外事件有时候不可避免，企业进入低谷也难以预测，真正的问题在于人们必须保持足够的信心和乐观的态度，最好不要夸大事实，将一些不可抗力引发的波动，当成企业衰弱或者行业衰弱的标志，不要把暂时性的损失当成不可挽回的损失一样。

首先，投资者必须相信一些大型自然灾害或者意外的灾难发生的概率非常小，直接摧毁一家企业的可能性也非常小，多数情况下发生的较大波动都不足以真正摧毁企业的发展前途，除非企业本身的运作模式就存在很大的缺陷。因此从一开始就要对企业进行仔细分析，对企业可能面临的风险进行评估，如果企业在风险控制、防范方面做得不到位，那么就要谨慎投资。

其次，优秀的企业本身就具备很强的抗压能力，能够接受一定程度的下滑，它们并没有那么容易被摧毁，否则就不可能还存在那么多百年企业。只要投资者一开始就能做出很准确的评估，选择一只自己信任的优质股，那么就不用太过于担心情况会变得非常糟糕。对于那些风险较高的行业，或者最容易受到外来因素影响的产业，更要注意选择实力雄厚的企业。

再次，投资本身一定会存在很大的风险，企业也不可能完全避免重大挫折，但投资者不能因为担心会出现大的自然灾害，就停掉保险业务；不能因为担心工厂最终会倒闭，就提前做出撤资的决定；不能因为某行业会发生巨变，就完全隔断行业内的投资。对于未来一定会发生的巨变，投资者没有必要将其当成明天就会发生的事情来对待，投资者还是要制定一个合理的长期规划，按照规划一步步去走，不要过度关注那些不可预测的危机。

末日情结的本质其实还是对资本市场的不可预知性的恐惧，而这种恐惧会影响人们长期持有的信心和决心，因此投资者必须尽可能做好功课，选择自己熟悉且擅长的项目，选择那些业务比较稳定的企业，同时也要注意提升自己的经营、管理和投资能力，只有前期工作做到位，才能够确保企业和自己有足够的抗压能力。

像经营婚姻一样投资

巴菲特曾经在多个场合将投资比作婚姻，在他看来，结婚应该是一辈子的事情，如果婚姻是一只优质股，那么从一开始就要打定主意长期持有，在他看来一段好的婚姻应该是一项长期投资。

首先，结婚应该找到一个合适的人生活，因此需要认真去挑选，比如很多人结婚会找一个各方面都很优秀的人，但事实上这样的人可能根本看不上他（她），双方即便结了婚，以后也会因为差距太大而矛盾重重，婚姻难以持续。还有一些人随便找一个人结婚，结果双方经常因为一点小事争吵，严重影响了自己的生活和工作，最终可能容易分手。真正的结婚应该找一个适合自己的人，自己要熟悉对方，而且双方有共同的话题。同样地，投资也是如此，投资者想要确保自己可以长期持股，就需要找一个合适的项目，比如自己非常熟悉且擅长的项目，那些看起来很挣钱的投资未必适合自己，可能超出了自己的能力范畴，而那些随随便便的投资同样具有很大的风险。

再者，结婚是一辈子的事情，准备结婚的人从一开始就要想着如何将婚姻维系下去，所以要包容生活中的一些波折，不要一出现问题就想着离婚。投资也是如此，想要真正将投资持续下去，就要具备强大的耐心和承压能力，遇到股市波动时，也能够保持镇定。

当然，想要像经营婚姻一样投资，最重要的一点就是了解自己是否足够真诚和忠诚，在不同的人生阶段，可能会有不同的需求，但是人们都必须忠于自己的选择，这是人们能够长期持有的基础。巴菲特认为投资就像结婚一样，都是出于一种真正的爱，只有真正对投资和所投企业保持忠诚，投资才能长久。相反地，如果对自己的投资不够热爱，可能就会出现定位不清楚（不知道什么适合自己）、目标不明确（不知道自己需要什么）、持久力不足（缺乏抗压能力）、缺乏长远打算（过分关注眼前利益）的情况。

那么人们应该如何去体现和培养这种忠诚呢？最简单的一个做法就是长时间坚持，巴菲特说过："我非常幸运，我很早就开始接触投资了，7岁左右我就开始阅读父亲办公室里和投资有关的书籍。我很早就知道我真正想要的是什么，这是一个巨大的优势。"他很早就对投资产生了兴趣，相比于那些半路出家的人，巴菲特可以说是从小就喜欢上了投资，他坚持的时间更长。相比于那些拥有自己的主营业务和工作，只把投资当成副业和业余爱好者来说，巴菲特干脆把投资当成了工作，当成了自己唯一的工作，并且这份工作一做就是几十年。很显然，他对于投资的热爱更加纯粹，他的坚持也更加纯粹，因为只有真正以投资为工作的人，才能够在投资中一直坚持到老。

所以，热爱投资的第二个特点就是把投资当成自我提升和体验的一种方式，不要为了挣钱而投资，像巴菲特，即便到了90岁以上的高龄，即便拥有了几百亿美元的身家，依然不改初心，继续保持投资的热情。很多人认为巴菲特是一个贪财的人，但他多次表示自己之所以喜欢投资就是因为喜欢投资带来的乐趣，喜欢在资本市场博弈的刺激，喜欢寻求那些优质的企业，对他来说，钱只是一个数字。和那些单纯只是想着增加财富的人相比，巴菲特从来没有想过为了挣钱或者成为亿万富翁而投资，他觉得一个人如果单纯地想着挣钱，那么就不可能在投资中真正获得成功，因为人性的贪婪会摧毁他的理智，会摧毁他的耐心。

在现实生活中，很多人没有一个明确的人生目标，投资以及工作仅仅是为了钱，因此常常会为了钱而丧失理智，他们会选择投机，会选择一些高风险的投资项目，他们对短期利益非常痴迷，并且很少做长远的规划。为了挣到更多的钱，他们可能会去做自己不熟悉的工作，可能会尝试一些自己讨厌的工作，就像找一个自己不喜欢的人结婚一样。巴菲特就曾这样告诫投资者：“为了钱做自己不喜欢的工作，就好像为了钱和你不爱的人结婚一样，我认为，为了钱和你不爱的人结婚过一辈子，这绝对是疯了。在某些情况下可能是不得已而为之，但你已经相当富有了，还需要这样去做，那你绝对是一个发了疯的傻瓜。”

对于投资者来说，长期持有或者长期投资本身就是一项关于耐力的考核，人们需要借助时间来强化价值，因此必须对自己的工作保持绝对的忠诚和热爱，同时注意培养自己的热情。

——找到一个自己喜欢的优质投资项目，投资者最好要熟悉这个项目，或者有过类似的工作经验，这样就可以保证他们长期保持投资的兴趣和能力。假设一个人一直从事IT行业的工作，那么在投资的时候，可以选择一些优质的IT产业的项目，或者投资优秀的IT公司，这样他就可以延长投资的时间。

——投资或者创业时，不要总是想着今天或者明天能够挣多少钱，而要多想着所投产业和项目未来的发展趋势，想着未来自己会有什么样的成长，以及想着自己应该如何将这个资本游戏做得更久更好。所以，一般来说，当人们找到一个好的投资项目时，应该制订一个完整的投资计划，为实现自我价值创造更多的机会。

——投资者要对自己经营投资的项目保持足够的信心和耐心，要坚定自己最初的选择，认为自己没有选错，同时也要尽可能保持包容，要容忍投资当中出现的一些波动。只有保持信心和耐心，投资者才能够深化对投资的感情，从而更加认真地经营和管理好相应的投资项目。

总的来说，想要保证自己能够长期投资，就需要一种长期规划、长期认同、长期热爱的心态，这是长期投资的基本保障。

第五章

找到安全边际，尽可能降低投资的风险

确保投资不会超出能力范畴

在投资过程中，很多人都在强调机遇，强调技巧，强调魄力，强调能力大小，而巴菲特却认为所有的投资都有一个基本前提，那就是清晰的定位。他曾经说：“智慧型投资并不复杂，当然它也不是一件容易的事，投资人真正需要具备的是给予所选择的企业正确评价的能力，请特别注意‘所选择’这个词，你不必像很多专家一样同时研究许多家公司，相反地，你要做的只是选择少数几家在你能力范围之内的公司就好，能力范围的大小并不重要，要紧的是你要很清楚自己的能力范围。”

比如，许多人都批评巴菲特跟不上时代的进步，一直都在拒绝高利润的科技产业，对此，巴菲特的回应是：“我们不会去做那些自己不了解的事情。也许这样做我们会错过一些机会，但我们不会做自己不熟悉的事情，即使麦肯锡咨询公司告诉我们这是一个前景美好的项目并为我们进行了详尽的分析，但由于我们对项目不完全了解，因此无法做出决定，我们绝不会参与这样的项目。我们因为无法评估而完全自愿地放弃了90％的项目，但是这又怎么样呢？”

很多人认为巴菲特对未来的预估能力不行，对产业发展的把握欠缺火候，以至于整体的投资显得非常保守，对此他这样回答：“如果说我们有什么能力，那就是我们深知要在具备竞争优势的范围内，把事情尽量做好，以及明了可能的极限在哪里，而要预测在变化快速产业中经营的公司，其长期的经营前景如何，很明显这已超出我们的能力范围，如果有人宣称有能力做类似的预测，且以公司的股价表现作为佐证，则我们一点也不会羡慕，更不会想要去仿效。”

能力一直都是一个投资的重要元素，它的形态多种多样，比如评估企业价值的能力，经营、管理的能力，利用股价涨跌赚取差价的能力，谈判的能力，调动资源的能力，洞悉市场变化的能力，自我克制和保持理性的能力。而在所有的能力当中，很多人会忽略这一点：每个投资者的能力都是有限的，每个企业的能力也是有限的。这种有限性体现为能力的高度和能力的广度，能力的高度是指人们的专业能力上限。比如同样是投资，有的人懂得挖掘优质股，并估算企业的价值，而有的人只能凭借感觉操作。能力的广度则是不同专业之间的界限问题，简单来说就是投资者可能擅长做项目A的工作，而不擅长做项目B的工作，因为投资者的专业可能接近于项目A，或者说他对项目A更加了解。比如S先生之前是投资外贸生意的，审议非常成功，所以他觉得自己有丰富的投资经验，开始想着进军地产行业，但实际上S先生对于地产行业的发展一窍不通，也不知道其中的风险，那么他很有可能会在地产行业翻船。

在日常的工作和投资中，很多人容易忽略能力的界限，往往将投资问题想得过于简单，尤其是一些跨行业的投资者，更容易因为自我定位不清晰和超出能力范畴，承受更大的投资风险。在众多投资风险中，忽视能力范畴造成的影响是最大也最普遍的，投资者会因为过于乐观而丧失对风险的控制权。如果进行分析，就会发现大多数股民其实并不具备炒股的能力，甚至连最基本的炒股知识也没有弄清楚，更不必说炒股技巧。同样地，在创业群体中，很多人也存在能力不足却盲目跟风的行为，无论是炒房、当电商、做直播，可能都超出了个人的能力范畴，或者说至少都不是自己擅长的工作，这些人的安全边际是非常模糊的。

想要真正在投资、上班或者创业中获得成功，最重要的就是要有一个明确而合理的自我定位，这个定位首先就是能力定位，即自己擅长做什么、不擅长做什么，能做到什么、做不到什么，它涉及个人的专业技能、认知程度、成长空间、经验积累等多方面内容。

一般来说，投资者应该看看自己的技能和经验侧重于哪一个专业或者哪一种类型的项目，划定一个工作和投资的范围，避免做一些自己不熟悉且没有把握的事情。了解自己在行业或者专业领域的位置，给自己的能力设定一个能力值，看看自己在业务范围内的能力有多高，可以应对什么程度的工作，能够做出多大的成绩，和其他主要竞争对手相比，自己处在什么位置上。

关于这一点，人们可以制定一张能力卡，将自己擅长的事情列举出来，将自己熟悉的事情列出来，对这些自己有能力去掌控的项目进行等级划分。看看什么项目是自己最擅长的，什么项目次之，这样就可以在选择投资项目和创业项目的时候，做出最合理的选择。此外，在每个列举出来的项目上，要设定一个分值计算系统，简单来说，就是给自己在各工作领域的能力打分，顶级的就打10分，专家和精英级别的可以打9分，优秀的打8分，能力突出的打7分，一般的打6分，熟悉但操作不合格的就打5分或者5分以下。每个人在投资之前，最好可以对照这张能力卡，看看自己真正适合做什么，了解自己能够做到什么程度。

不过，个人的能力界限并不是一成不变的，个人的能力值会增长，个人也会增加新的技能，因此投资者要用发展的眼光看问题，在一些项目的选择上，如果个人有能力也有决心提升自我，那么就可以适当去挑战一些难度更高的项目（在挑战的过程中，不断学习和提升）。因此整个能力卡以及分值计算系统应该不断更新，当自己掌握新技能或者获得能力提升之后，就需要及时更改数据，从而为下一次的投资创业做准备。

需要注意的是，人们可以尝试新事物，可以接触一些新的项目，但是一定要保持谨慎，坚持从小做起，投入少量的资源去尝试，慢慢积累经验，摸索规律，积累能力值，等到个人拥有了更大的把握，就可以扩大投入的范围。

避免过度使用金融杠杆

2008年，巴菲特在致股东的信中这样说道："保险浮存金，就是在保险业务中，发生的那部分由我们暂时掌管的，但不属于我们的资金。在我们的投资中占到590亿美元。只要保险业的赔付情况正常，浮存金就可以看作'免费'获得的，这意味着，我们获得的保费，要与我们可能遭受的损失和产生的费用相当。当然，保险业是不确定的，总在收益和损失之间摇摆不定。在我们的历史中，无论怎样，我们都要有利可图，所以我期望在未来，我们将继续保持无亏损的状况，甚至做得更好。如果我们做到了，伯克希尔公司股东们会看到我们的投资将成为他们源源不绝的价值来源。"

2011年，巴菲特再一次在信中提到了浮存金的好处："在伯克希尔·哈撒韦公司，我们连续8年获得保险利润，在此期间的盈利总计达到170亿美元。我相信保险业务在将来绝大多数年份（尽管不是全部年份）

将继续盈利。如果我们达到了这个目标，我们不仅可以使用‘无息’保险浮存金，还将获得利润。就像某个当事人向我们投保660亿美元，每年还因为这些钱而向我们支付费用，我们转手再把这些资金进行投资以获利，这样做，我们想不赚钱都难。”

这些信中谈到的保险浮存金，其实就是保户向保险公司缴纳的保费，这笔钱虽然不是保险公司所有，属于债务，但是自己可以代为保管。当保户出险时，保险公司就拿出这笔钱给保户理赔，剩余的钱可以由保险公司支配，保险公司会把这笔钱用作投资，也可以直接和保户签订投资协定，双方按照比例一同分享投资所得的收益。

在巴菲特的投资模式中，浮存金是一个重要内容，他经常会利用保险浮存金投资，就是因为这些钱的利息很低，甚至不需要任何利息，等同于“免费”使用，这是巴菲特为数不多的使用杠杆的行为，但它并不意味着巴菲特就赞同使用金融杠杆，金融杠杆简单来说是一种通过借贷来放大投资的行为，一般是指投资者在购买股票、期货等理财产品时，为了获取更高的收益，向金融机构或他人借贷的行为。

其实巴菲特并不主张投资者或者企业使用杠杆，因为借钱投资往往存在很大的风险，尽管有人听过金融杠杆和借钱投资发财，但是无论投资者多么聪明，金融杠杆很有可能会导致他们一贫如洗。一些企业总是想着这些借来的钱可以通过继续融资来解决，可是一旦发生金融危机，一旦没人愿意借钱，资金链的断裂就可能带来灭顶之灾。

比如在2010年，巴菲特就警告股东们一定要对金融杠杆保持距离：“毫无疑问，有些人通过借钱投资成为巨富，但此类操作同样可能使你一贫如洗。杠杆操作成功的时候，收益就成倍放大，配偶觉得你很聪明，邻居也艳羡不已。但它会使人上瘾，一旦你从中获益，就很难回到谨慎行事的老路上去。而我们在三年级都学过，不管多大的数字一旦乘以0都会化为乌有。历史表明，无论操作者多么聪明，金融杠杆都很可能带来0。”

在现实生活中，有很多人就喜欢借助杠杆来投资，最典型的就是房地产，许多房产投资者以及房产公司本身不具备雄厚的资金，或者不具备进行大规模操作的资金，但为了在房产投资中获得更多的收益，就会选择向银行借钱，甚至进行民间借贷与融资。这样的投资模式本身没有太大问题，尤其是在房地产景气的时候，往往会带来很高的收益；但过度使用杠杆，大量借贷就会产生巨大的风险，因为大家会觉得生意好做，地产生意越做越大，借贷和融资自然也就越来越多。在中国房地产行业，万达集团、恒大集团都曾是负债几千亿元的大房产公司，它们也面临巨大的债务压力，一些规模小的房产公司直接被负债拖垮，大大小小的烂尾楼数不胜数。

对于普通的购房者来说，情况更加危险，习惯了借钱买房的人，往往会越借越多，假设一个人贷款20万元买了总价40万元的房子之后，发现房价涨到了80万元，这个时候就可能会想办法贷款、借钱凑成100万元，再去购买两套房，而如此高的债务无疑会增加债务负担，一旦自己的收入出现了问题，一旦房价下跌，沉重的债务会压垮整个家庭。

中国人民银行发布的《中国金融稳定报告（2019）》显示，2018年年底，中国居民部门的杠杆率攀升至60.4%，而在10年前的2008年，这一数据仅为17.9%。尽管不同的机构做出的调研数据有一定的偏差，但这些数据都指出了一点：中国居民购房引发的债务一直在上升。在国家推出抑制房价的政策之后，房价整体开始趋于平稳，一些原本疯狂上涨的城市房价开始下跌，类似于环京地区的廊坊和燕郊等地，直接从巅峰期下跌了50%，很多人因为无法偿还债务而开始选择弃房断供。

无论是购房投资，还是选择开厂开公司，很多人都选择以借贷的方式筹集运作资金，尤其是一些公司动不动就借钱，希望借助杠杆来获利，无疑太过于草率和冒险，巴菲特在告诫投资者时就曾复述了一位合伙人的箴言："要是脑袋浸在水里，5分钟都太长。"对于巴菲特来说，问银行借钱就像把自己的脑袋浸在水里一样，不仅如此，他曾表达了对借钱投资的不满，认为"一家真正好的公司是不需要借钱的"，虽然这样的话不免有些绝对，但过度使用金融杠杆显然会增大风险，人们还会形成一种借钱的惯性，投资也越来越激进，一旦借不到钱就会陷入困境。而且如果一家企业只能通过借钱来运营和投资，那么就意味着它本身缺乏有效的创造价值的能力。

对于投资人或者企业来说，一定要把握好资产的安全界限，有时候可以通过借钱的方式赢得更多的收益，但是借钱必须有几个前提：自己拥有稳定的营收，投资的项目前景比较明朗，借钱的额度在可承受范围内。只有保证自己能够偿还得起借来的钱，运用金融杠杆才更加安全。

投资的第一条原则就是不要亏损

有人曾询问巴菲特如何挣钱，巴菲特给出了自己的答案："如果我发现一些看起来很有吸引力的投资目标，我就会开始贪婪地买入。但我首先会关注任何投资失败的可能性。我的意思是，如果你肯定不会亏钱，你将来就会赚钱。这正是我们一直做得不错的一个原因。这一点是我在20岁时从我的导师格雷厄姆那里学到的。"

在这里巴菲特谈到了非常重要的一点，那就是在想着如何挣钱的时候，最先考虑的是如何不要亏钱，避免损失是确保获利的前提。许多人认为巴菲特的话有些站不住脚跟，因为任何一个投资者首先都是逐利的，他们肯定不希望面临亏损。因此以亏损作为第一原则就像是说废话。还有一点，投资本身就有盈有亏，没有谁一定能够保证自己会挣到钱而不会亏钱，如果真的害怕亏钱，还不如不去投资。

可是如果真的理解巴菲特的投资之道，就能真正明白这些话的含义。

首先，这里谈到的亏损具有时间属性，考虑到股市的波动和一些意外事件的影响，亏损常常在不经意间就会发生，这些是难以避免的，巴菲特强调的不要亏损是指，从长远来看投资组合必须是盈利的，至少本金不应该出现亏损。

简单举个例子，一个人准备花费12万元买股票，那么在短期内，肯定会有亏损，人们不能因为股价会暂时下跌而禁止购买股票，真正的问题是，当人们坚持持有这些股票超过5年时间，那些股票的股价是否在上涨，是否产生了超过12万元的价值。如果5年以后，这些股票一直下跌，只值7万元，那么就意味着一开始的选股是失败的。如果5年以后，股票价格上涨为27万元，就表明投资是成功的。投资人要做的就是尽量做好股票的基本面分析，把握好所投股票的内在价值，确保在长期投资中能够盈利。

所以这里谈到的亏损可以理解为：是不是选择了一个好的企业和项目，这些项目最终是不是会产生盈利，能够给投资者带来超过成本的收益。从这一点来说，投资者对于亏损的重视，本质上就是对长期持有优质股票的坚持，而底线就是不要产生本金上的亏损。

其次，坚持以不要亏损为首要原则，表明了一种风险规避的策略。比如许多人认为，只有承担高风险才能获得潜在的高回报，只有经历风险的考验才能取得长期的投资成功，因此他们并不主张规避风险。风险和收益的确有一定的关系，但两者之间的关联并不是必然的，没有任何证据表明，风险大的项目一定回报高，更没有证据证明只有承受住高风险，人们才有可能获得高回报。

巴菲特认为一个优质的项目存在风险，但并不意味着人们就要无所顾忌地面对风险，真正聪明的投资者懂得规避每个潜在的风险因素，会想方设法以最稳妥的方式获得利益。这就像投掷骰子一样，如果点数小于4就输掉全部身家的1000元，点数大于或等于4就多赢1000元。那么在一把决胜负的前提下，有多少人会冒险呢？在做出决定之前，多数人肯定会避免让自己变得一无所有。

还有一种情况就是，人们必须尽量规避那些会造成巨额损失的风险，这些巨额损失可能会让之前的高回报付诸东流。假设有两种投资方案，第一种是花费1万元投资一个项目，连续10年的投资回报率都是10%。而另一种方案同样花费1万元投资了一个项目，连续9年都获得了20%的回报，唯独在第10年遭遇了15%的损失。那么对比一下这两个方案在10年之后，谁能够积累更多的财富呢？

第一方案：$1\times(1+10\%)^{10}\approx2.5937$万元

第二方案：$1\times(1+20\%)^{9}-1\times(1+20\%)^{9}\times(1-15\%)\approx0.77$万元

对比之下，就会发现第二个方案虽然获得了更高的回报率，但是由于没有躲避掉其中一年的亏损，最终导致个人资产受到严重影响，而类似这样的情况正是现实的写照，高回报并没有真正抵消高风险带来的影响。所以从保守的角度来说，人们应该选择避免出现亏损的方案一，而不是冒险去尝试可能会带来亏损的方案二。

从这一点出发，就会知道巴菲特为什么不喜欢投资比特币，不喜欢投资互联网公司和科技公司，因为这些企业或者项目的回报虽然很惊人，但高风险背后的损失也很惊人，所以巴菲特仍旧选择保守姿态，选择风险更小、更容易规避亏损的项目。

而对于普通的投资者和创业者来说，一定要注意对亏损进行控制，比如坚持对本金进行保护，在一个较长时间段内，如果投资不断威胁到本金，那就要果断抛弃。为了提升成功率和风险控制，人们应该选择内在价值高、成长空间好的项目，同时要注意选择风险较小的项目，尽可能选择自己熟悉或者有能力控制的项目。

不要试图挣走最后一分钱

在谈到卖出和买入股票的时机时，巴菲特曾经这样说："有时价值的修正将会非常快，但大多数时候需要1年甚至数年的时间来实现。我们在买入时，往往很难确切地知道，为何某只股票将会在现有价格水平上增值。但也正是因为市场上缺乏对该问题的解答，而导致我们有机会买入价格大大低于其价值的股票。无论如何，基于证券固有价值并且以低于该价值的价格进行买入的行为，是具有令人感到舒适的安全边际的。

"在具有相当的安全边际前提下，买入的股票将具有较大升值潜力。长期以来，我们对于买入时机的选择，都要优于我们对于卖出时机的选择。我们并不指望能够赚到可能赚到的每一分钱，我们将十分满足于以很低的价格买入，然后在该证券的价格能够大概正确地反映其价值时（意味着这对于私人持有人是较为合理的价格），将其卖出。"

对于股票投资者来说，最重要的低买高卖，挣一个差价，但是什么时候是谷底，什么时候是高峰，往往很难把握，把握不好的话可能会导致投资者在一个较高的位置上买入，在一个偏低的价位上卖出。在股市中，人性的贪婪往往一览无遗，为了追求利润最大化，投资者常常会在购入股票时选择冒险，比如在股价上涨时，他们会保持激进的姿态，认为价格还会往上涨，因此选择继续买入和持有。在股价下跌的时候，一直持观望态度，觉得股价肯定还会继续下跌。但在巴菲特看来这样做很有风险，因为谁也不知道价格最终会涨到什么位置上，作为一个理性的投资者，巴菲特的做法就是适可而止，只要买入的价格低于价值，那么这笔投资就是划算的，没有必要挣走每一分钱，巴菲特主张寻求一个安全边际。

巴菲特曾经谈到了长期资本管理公司，这家公司拥有最强大的运作团队，巴菲特甚至认为长期资本管理公司核心团队中的16个人具有超高的智商和丰富的经验，而且拥有丰富的人脉资源，几乎构建了整个金融领域的关系网，他们比世界上任何一个团队都要出色，但就是这样的团队在自己最擅长的领域犯了严重错误，导致公司破产。这个团队在获得不菲收益的前提下，仍旧想方设法追求更高的收益，选择冒险继续追加投资，结果导致公司出现了巨亏。巴菲特对此做出了评价："他们为了挣那些不属于他们、他们也不需要的钱，而动用了属于他们、他们也需要的钱去冒险。这确实是十分愚蠢的行为。他们的愚蠢并不是智商的问题。"

类似的情况实际上在生活中随处可见，最典型的就是炒股和炒房。比如2014年和2015年，燕郊房价开始升温，原先八九千的房价，上涨到了一万三四的价位上。面对疯狂上涨的房价，很多投资人开始投资燕郊房产，并且认为房价可能会上涨到3.5万左右，个别楼盘可能会更高。到了

2016年，房价果然如期上涨到了3万元以上，这时只有少数人选择卖出手里的房子，而多数投资人还等着房价上涨到3.5万以上，甚至突破4万，他们甚至选择在3万元的高位上入手新房。结果到了2017年，燕郊推出了严格的限购政策，没有任何产业支撑的燕郊楼市轰然倒塌，房价直接跌了一半以上，那些在高位买房的投资者由于没能见好就收，最终遭遇了滑铁卢。

在股市中，类似的情况也并不少见，很多投资者喜欢冒险，总是期待着可以在股价升到最高点时脱手，但往往事与愿违，由于没有把握好时机，导致股价下跌时被套牢，失去了绝佳的获利机会。

导致人们错失好时机的原因，主要有以下几点：首先是投资本身具有不可预测性，人们无法准确预测高点和低点在什么时候到来。其次，投资会受到一些外在因素的影响，国家政策、行业环境变化、自身遭遇的意外事故都会对最终的投资产生影响。最后也是最重要的一点，就是人性的贪婪，人们总是期待着能够获得每一分利润，但越是如此，越是容易成为市场上的“接盘侠”。

一个优秀的投资人，应该为自己的投资设置一个安全边际，这个安全边际实际上是一个投资可行的范围，一般是指在价格最高点和最低点附近划定一个安全区域。不同的人因为面临不同的情况、不同的实力与不同的需求，因此安全区域的范围可能也存在不同，但无论如何变化，基本上都脱离不了一个原则：以低于真实价值的价格购入，然后以接近真实价值的价格将其卖出。假设一只股票的真实价值是5元，那么在股价为3—4元的时候都可以选择购入，而没有非要等到价格为2元时才购入。同样地，在股票价格上涨到5元附近时（4.7元或者4.8元，也可以是5.1元），可以卖出，而不用非得等到一个更高的价位。

依据价值来做出买入和卖出的决策，相对来说比较合理，不过前提是人们能够找到合理的估值方法，把握好投资企业的内在价值。

除了依照价值来投资之外，还有一种比较实用的方法就是设置一个盈利点，或者说设定一个预期收益，简单来说就是期待自己获得多少收益，只要达到了期待中的收益水平，人们就需要适可而止，考虑退出，不要继续沉迷于此。假设一笔交易的投资是20万元，设定的预期收益达到30万元，那么在达到30万元的收益之后，就要及时退出市场，即便行情依旧很好，可以涨到32万元，也要严格按照规划退出，不能一直眷恋市场。为了额外的2万元收益或者计划之外的2万元收益拿已经获得的30万元冒险，并不划算。

设置盈利点是为了督促人们保持一个理性的、克制的投资状态，为了帮助人们更好地把握投资节奏，在某些时候可以起到很好的规范作用，把投资者约束在一个相对安全的投资区域内。

前华人首富李嘉诚说过，自己绝对不去挣最后一个铜板。在他看来，投资固然要追求利润，但是真正做到利润最大化很难，当产品的价格达到一个很高的位置上时，想着如何去赚最后一分钱无疑会让自己身陷困境。所以他不会选择在一个高价位上入市，也不会等着价格达到最高点才选择脱手，只要达到了预期的目标，就毫不犹豫地选择退出市场，而这样的投资和巴菲特的理念是一致的，也恰恰是普通人最应该学习的一种投资方法。

设置一个合理的止损点

巴菲特曾经管理着全球最大的巨灾保险业务，巨灾保险主要是指用于预防那些巨大灾难带来损失的保险。一般来说，由于巨大的灾难并不常发生，因此巴菲特的巨灾保险业务实际上比较稳定，巴菲特也认为这是一笔不太容易出现亏损的生意，唯一需要做的就是对那些可能产生的巨大灾难进行赔偿额度的估算，确保自己可以掌控好风险。

巴菲特经过估算，设置了一个止损点，并且认为这个公司的亏损尚在自己所能承受的范围之内。可是在2005年，美国经历了最严重的风暴损失，巴菲特投资的巨灾保险业务直接赔掉了34亿美元，这笔钱几乎让巨灾保险部门破产，整个伯克希尔公司的业绩也受到很大的牵连。而事实上，如果巴菲特能够降低止损点的额度，也许就不会冒险投资这笔生意了，又或者他会寻求再保险（对保险业务进行保险）业务来分摊风险。

作为一代股神，巴菲特也有失算的时候，而对于普通的投资者来说，对于亏损的计算失误可能更加普遍。一个最典型的例子就是，每一次当股市行情下行进入熊市的时候，都会有大批人遭遇严重亏损，在金融危机到来的时候，亏损会更加严重，这也是为什么每一次金融风暴都会导致很多炒股人和投资者破产。那么很多人设想过潜在的危机，为什么还是无法避免损失的扩大呢？其中很大一个原因恐怕在于应对风险能力和止损能力的不足，一个最简单的现象就是止损点的设置。

比如很多人炒期货，但实际上期货的风险非常大，一不小心就会倾家荡产，和普通的投资相比，将期货的止损点设置为20%基本上是不现实的，因为一些微小波动就会快速蒸发掉这笔钱。一个人开服装店，是可以将亏损20%作为止损点的，而投资理财产品，可能连亏损1%也要选择及时跳出来。由于行业属性不同，止损点的设置也会有所不同。所以投资者在投资或者创业的时候，一定要注意观察不同行业的止损模式和亏损承受能力，像人们购买理财产品一般都能够挣到钱，如果出现了不挣钱甚至亏损的局面，那么很多人肯定会果断放弃这项业务。

除了行业属性不同带来的不同止损标准之外，同一行业内的止损则有诸多要求，比如有的人资金充裕，可以承受50%的亏损；有的人资金不足，加上自己在股东心中的地位不够高，因此可能最多只能承受20%的亏损。有的人对自己所投项目有信心，心理承受能力强，因此会承受40%以上的损失，而有的人心理承受能力差，会适当降低标准，确保亏损在安全线内。还有一种情况就是止损的计算方式，有的人是以股价下跌的具体数据作为衡量标准，有的人会选择从营收角度进行衡量，有的人喜欢用现金流的下降作为止损依据，有的人更加依赖净资产收益率。无论以什么作为衡量标准，最重要的是要确保止损点的设置在自己所能承受的范围之内，或者在自己的心理承受范围之内。

为了安全起见，投资者还可以学习巴菲特，巴菲特曾建议投资者一定要明确自己可承受的损失额度，然后适度下调，确保自己有足够的承受能力。在预估值的基础上进一步降低亏损率的标准，尽量给自己设定一个更安全的投资区域。首先在设置合理的止损点时，尽可能额外留出一些缓冲空间，比如某人过去一直认为投资所能接受的损失额度是亏损30%，那么往后在设置这个止损点的时候，肯定不能设置为“亏损30%”，而应该有所保留，将这个止损点设定在亏损25%左右。之所以要选择这种保守的方式，就是为了防止中途出现意外。

不仅如此，巴菲特还提出了第二个方案，那就是选择一个相对低风险的项目，这个项目的损失必须低于亏损30%（可承受的亏损）的额度，一般设定为亏损率不超过25%，也就是说，人们在投资时应该事先做好估算，接受那些最多只能亏损25%的企业项目。这就是著名的七成五法则，即做那些七成五大概率的生意，而此时的收益率与亏损率为3：1。巴菲特认为，只有当一个业务的基本赢面达到了75%，才值得去投资。这样一来，可以更好地配合止损策略，确保将风险降到一个低水平上。按照他的说法：“如果你要开1万磅重的卡车过河，那最好找一座能承受15万磅重量的桥，而非承受10001磅的桥。”投资者可以选择一些低风险的项目，确保投资资金的安全。

止损点的设置有助于提升抗压能力和风险管控能力，除了止损点之外，还有其他一些止损方式与之配套来使用，效果会更好一些。比如投资者可以采取定期定投的方式，分几次进行投资，先买入一部分股票看看情况，然后隔一段时间买入一部分，之后再隔一段时间买入。定期定投的方式有一个好处，就是当股价下跌时，继续投入的成本和亏损其实都在减少，从而起到分摊亏损的作用，一旦股价上涨，往往可以更快地将亏损弥补回来。此外，投资者也可以按价格区间买入，先设定几个不同的价格区间，并预先估算出一个最大亏损目标，等到股价每下降一个档位就及时买入，通过价格区间买入份额来稀释亏损额，这也是比较实用的止损方法。

不要把过去的经验当成未来发展的保证

1966年1月20日，巴菲特在致合伙人的信中谈论了1965年的发展情况："去年收益这么高，合伙人自然会问：'我们后面还有什么高招？'投资这行有一点不好，前一年强劲的势头对下一年基本没什么用。如果1965年通用汽车在国内上牌新车中占54%，由于用户忠诚度、经销商能力、产量、品牌形象等，可以相当肯定地说，1966年，通用汽车的销量应该和去年不相上下。我们的合伙基金不一样。每年，发令枪一响，我们都一切按市值计算，从零开始。1964年和1965年，我们也努力了，但到1966年，对于新老合伙人来说，我们过去的努力带不来多少收益。过去的赚钱方法和机会就是过去的，将来总要找新的方法和机会。"

在巴菲特看来，投资行业的不确定性要比其他行业多，一家服装店可以依据往年的销量来预测下一年的销量，一家酒店也可以依据前几年的营业额，大致估算接下来一年的营业额区间，可是在投资领域，人们却无法根据过去的经验来评估接下来一年会发生什么，没有人能够说清楚伯克希尔下一年是亏损还是盈利，因为影响投资的因素太多了，而投资本身就是敏感的。在投资领域，风险基本无法准确预测，历史数据只能证明过去做得是好是坏，但无法决定这一项特定投资在未来日子里的真正风险。

也正因如此，在挑选投资经理人的时候，巴菲特也坚持拒绝按照资历、经历以及过往的业绩作为唯一的考核标准，正如他在致股东信中所强调的那样："找到多位绩效卓越的投资经理人是件轻而易举的事情，但是过去出色的表现尽管重要，却不能以此判断未来的业绩。至关重要的是如何取得业绩，经理人如何理解和感知风险。在风险评价标准方面，我们希望找到能力超群的候选人，他能够预计到经济形势前所未有的影响。最后，我们需要全身心为伯克希尔·哈撒韦公司效力的候选人，而不仅仅把这当作一份工作。"

很多投资者和企业经常声称自己可以保证未来一年的收益，可以保证自己像过去一样成功，这样的说法明显是不负责任的，他们可能会误导其他投资者，而事实上也可能会误导自己的行动。在整个投资领域，从来就不存在常胜将军，"成功会成为一种趋势和习惯"，这不是投资的真相，即便是巴菲特，也犯了不少错误，过去的成功经验和方法并没有帮助他解决每个问题，也没有帮助他把握住每次的机会并躲避每个危机。

投资行业有自己的法则，这个法则就是"变"，这也是投资的魅力所在，因为谁也不知道明天究竟会发生什么，谁也不知道自己是否就一定能够在投资中获利。比如在过去，大家都知道股市中的庄家几乎是稳赢的一方，他们可以明目张胆地收割散户的钱，但是在2021年1月，参与做空

GME（一家游戏公司，属于垃圾股）的香橼机构与Melvin Capital基金，却遭到了散户的共同针对，结果这两家做空的投资机构损失惨重，若不是政府干预，等待它们的只会是破产。时代的变化以及参与投资者整体素养的提升，都会在一定程度上改变游戏规则，因此想要真正提升投资的成功率，想要尽可能减少风险和失败，最好的方式还是每次都保持认真的分析和谨慎的操作，做到具体问题具体分析，而不是想当然地认为“我过去很成功，未来还会继续成功”。

那么投资者究竟应该如何去把握自己的投资呢？

不同的企业、不同的项目，采取的投资方法并不相同

有的企业适合全资收购，有的适合入股；有的适合长期操作，有的适合中期和短期操作；有的适合低价抄底，有的可以在合适价位上买入；有的适合一次性买入，有的适合分阶段分批次购入；有的项目要设定一个止损点，亏损超过多少就要立即退出，有的企业则要设定一个盈利的上限，达到这个盈利数值，就要果断减持和抛售；有的项目需要借助杠杆来扩大收益，有的要避免使用杠杆；有的项目可以亲自参与运营，有的项目适合当一个安静的股东。面对不同的企业和项目，要制定最合理的方式，要打造最合理的赚钱模式，不能千篇一律，更不能总是想着“我过去就是依靠这样的方法获得成功的”，只有有针对性地使用挣钱的方法，才能更好地控制风险。

对不同企业和不同项目的分析、估值方法不同

投资往往需要对目标公司进行估值，但不同的公司，不同行业的公司

往往有不同的估值方式，假设一家新公司因为最先涉入某个新行业而非常火爆，那么这个时候，最简单的估值方法就是看它的营业额，而一家稳定的老牌公司，往往只需要看看市值变化，一些营业收入很好但资金流动巨大的企业，需要重点查看现金流。如果企业在财务方面做得并不算出色，但却拥有强大的竞争优势，那么企业未来的发展同样会很好。对于一些新的行业来说，或者自己从未涉足的行业，由于没有足够的经验，更要保持谨慎，不能按照之前的方式进行分析和估值。

要做到与时俱进，改变过去的理念

随着时代的发展，新兴企业不断出现，行业不断发生变化，市场背景、行情的性质、国家政策、国际环境也会不断发生变化，影响投资的因素也越来越多，各种投资理念也在不断完善和变化，这个时候，过去的很多投资理念已经慢慢跟不上时代的发展了，投资理念的改进迫在眉睫。即便是巴菲特也是在不断的自我完善中成长起来的，从最初的廉价股票，到高价值股票，再到合适价格与价值的融合，之后变成了长期投资。每次变化都是建立在失败经验的基础上的，即便是现在，巴菲特也在寻求投资理念的完善和进化，以便自己可以在新时代把握商机。

总而言之，投资者必须保持与时俱进的态度，必须保持清醒的头脑和理智的分析，过去的经验和方法只能作为一种参考，做到具体问题具体分析，才可以真正提升投资的安全值。

在好的投资机会越来越少的时候，更要保持谨慎

早在1966年，在面对机会的问题上，巴菲特就提出了自己的看法：“过去的好机会像奔腾不止的大河，现在的好机会像潺潺流淌的小溪，现在的前进与过去相比，当然不能同日而语。这几年，没了奔腾的大河，从潺潺溪流中，我们也同样汲取了养分，没少赚钱。为什么？原因有两点：首先，一个人的饭量是有限的（几百万的资金才能利用的投资机会，对只有几千元钱的人来说没多大用，我年轻时对这一点感触很深）。其次，好机会越少，投资的时候就越珍惜，越要把少量的机会用好。显然，这几年我们靠的就是第二个原因。”

在巴菲特看来，投资不能采取撒网捕鱼的方法，一定要注意求精，只有高质量的项目才值得投资，在好的投资机会很多时，可以仔细挑选，在机会少的时候，同样要注意把好质量关。而很多投资者在面对日益减少的商机时，经常会有类似的想法：“有总比没有好”“好歹也是一个机

会”“如果我再不出手，恐怕连这样的机会也被人抢先了”，正因为总是想着“不能一无所获”，他们很容易冲动行事，违背自己坚持的投资理念。

从社会发展的角度来说，所谓的高速发展期只会越来越少，因为推动社会高速发展的因子正在变少，拉动经济高速发展的内外因素基本上不会像过去一样增加，虽然新的产业还会继续出现，但同样会越来越少，毕竟各项产业的分工已经到了一定的程度，增加新产业会越来越难。在这样的时代背景下，既要看谁比谁更能敏锐地感受到市场和环境的变化，也要看谁比谁更擅长等待。

比如最近几年，伯克希尔公司的投资开始减少，而现金积累却越来越多，在这种情况下，很多股东都在催着巴菲特赶紧投资，比如投资航空公司、互联网、科技产业，甚至是数字货币。但在巴菲特看来，这些都算不上好的投资，这些投资不稳定且风险大，并不符合长期持有的条件，他宁愿继续等待下一个优质股的出现。他曾经将投资比作棒球赛：“如果我们拒绝为三次坏球挥棒，至少我们不会被淘汰出局。”

谨慎投资一直都是巴菲特的座右铭，也是他献给所有投资者最重要的一条建议，在投资机会少，行情不好的时候，他更是建议投资者保持克制。有人做过分析，发现市场上最多的投资就是无谓交易，这种交易往往不够谨慎，具有一定的随意性，同时还有一定的规律性。比如许多人每隔一段时间就会投资一个新项目，或者购买某一只股票，这几乎成为一个习惯，在完成上一笔投资之后，他们就会想着继续投资，至于具体要投资什么，则没有那么讲究，重要的是别让自己处于空窗期。这样的投资人会在强烈的利益驱动下做出频繁交易，对他们来说，在没有“大象”的时候，抓到一只“老鼠”也是好的，但往往连老鼠也抓不住，因为市场总会设置一些陷阱，连着捕鼠人的手一起夹住。

无谓的交易并没有多少价值，但很多人都会去做，因为大部分人都会乐观地相信“只要自己进场了，就总能抓住一点机会”，他们不愿意傻傻等机会，这对于那些坚守安全边际、努力寻求优质股的人来说，是不可理喻的。查理·芒格认为人类所面临的一切问题都是因为人们缺乏耐心，人们通常都无法一个人静静地坐在房间里等待机会，对多数人来说，等待是最痛苦的事情，但事实上只有耐得住寂寞才有可能成为一个优秀的投资人。

对于投资者来说，要尽量避免无谓交易，在好机会很少甚至没有的情况下，一定要保持谨慎，要强调以安全投资为主，不能单纯地为了投资而冒险，也不能为了一些小利益而冒险。

好的机会本身就不多见，投资者一定要保持选股的耐心，无论是坚持从海量项目中进行仔细挑选，还是对潜在的项目进行长时间追踪，投资者一定要确保每个流程都要做到位，绝对不能因着急投资而降低标准，或者缩减选股的环节。尤其是当整体投资环境不好，或者产业谋求转型和变革时，投资者更是应该强化自己的选股标准，明确什么可以做，什么不能做，必要时还应该提升标准。

任何一个人的资金都是有限的，将更多资金花在没有把握或者回报不高的投资项目上，意味着好机会来临时，自己无法把握住。所以在投资之前，一定要将其当成自己最重要的一次投资来对待，一定要将自己的钱当成最后一笔投资的费用来对待，这样才能促使自己寻求更优质的项目。

投资者应该明白一点，任何事情都会产生机会成本，如果人们将时间、精力和资源浪费在那些不太容易产生高价值的地方，也就意味着会失去其他方面的收益。因此，为了避免机会成本太大，投资者应该把握一个原则：尽量不要在鱼少的地方钓鱼，也不要在鱼少的时候钓鱼。

需要注意的是，在好机会越来越少的时候，保持谨慎，或者尽可能减少投资，并不意味着不要投资，只不过投资者需要保持更大的耐心，需要确保自己在选股过程中能够保持理性，这样才能避免冲动行事。事实上，当人们意识到自己无法掌握更好的机会时，可以尝试着给自己设定一个冷静期，然后利用这个冷静期充实自己，提升自己的能力，确保自己获得更好的成长机会。

制定更长时间的观察期，以充分了解企业

在1967年10月9日，巴菲特在写给股东的信中说道："我总是提醒合伙人，在衡量我们投资业绩的时候，至少要看3年，才能看出来我们行不行。不出所料，大众不关注投资业绩则已，一关注就走极端。他们的预期时间越缩越短，衡量大资金的表现时，看1年、1个季度、1个月，甚至更短的时间（产生了所谓的'即时分析'）。短期业绩良好能获得巨大回报，不但业绩报酬高，而且下一轮募集资金时会备受追捧。由此形成了一种自我循环，参与短线的资金越来越多。这种现象产生的后果令人不安：在越来越快的投资节奏中，投资什么（具体的公司或股票）越来越不重要，有时候甚至完全不算回事。"

巴菲特认为投资者想要找到一些具有更高收益（能战胜道琼斯指数）的基金，比如复合年化收益率达到15%—17%，那么就需要认真考察潜在的企业。一般情况下，巴菲特建议人们至少用3—5年时间来评判，只有连

续跟踪和观察一家公司3—5年的营收情况，了解这家公司的基本面，才能做出是否投资的决定。不过对于普通人来说，也许缺乏这样的耐心，因此可以适当缩短时间，但至少也要3年。

为什么最短是3年呢？这里涉及人类经济活动的周期，按照美国经济学家约瑟夫·基钦的说法，人类经济活动最短周期是3年，约瑟夫·基钦提供的依据就是工厂在生产过剩时，会产生存货，一旦存货积压到一定的程度，厂商为了确保生产和销售达到平衡，就会逐步减少生产，这样就会出现库存有节律波动的经济现象。这个现象后来被管理学家们称为基钦周期或者库存周期，而这个基钦周期会影响到股市，当基钦周期处于扩张期时，大部分经济活动开始扩张，股市往往处于牛市或者强平衡市的状态；当基钦周期处于收缩期时，股市通常处于熊市或者弱平衡市。正因如此，很多公司会选择发行3年期定开的公募基金，只要找到基钦周期的发展脉络，了解目前处于什么阶段，就可以循着规律正确踩点，从而为自己赢得更多获利的机会。比如，当基钦周期处于收缩期1年时（扩张期大约是收缩期的2倍），意味着在未来不远的日子里，将会逐步进入扩张期，股市也会慢慢进入牛市，此时最适合抄底。

对于普通投资者来说，可以重点关注基钦周期，并利用相关的规律找到投资的合适时机，但最核心的一点还是安全。许多人认为投资就像是相亲，有的人相亲时，往往只看重对方当前的收入（企业的整体实力），只看重外表（企业的发展情况与市场地位），然后很快就做出在一起的决定；而有的人在了解对方的基本信息（企业的基本面）后，会特意留出一段时间进行观察，了解对方以前的为人，了解对方过去的生活和情感经历，看看对方一直以来最真实的人品和状态，确保自己不会看走眼。

任何一家企业在发展过程中都会存在波动，一年的发展状态决定不了什么，可口可乐和苹果公司这样的国际巨头也遭遇过亏损，也陷入过危机，一些名不见经传的小企业也很有可能在某一个阶段实现快速增长。但暂时性的数据往往不具备太大的参考意义，想要了解这家企业的发展状态和真实的价值，那么必须给出一个更大时间跨度的样本，而除了对过去几年的发展进行分析之外，还应该对未来几年时间的发展进行追踪，它往往更能够呈现出企业的营收能力、发展方向以及内在价值。像巴菲特、彼得·林奇这样的投资高手经常跟踪一家企业数年甚至数十年的时间，为的就是确保能够更好、更精准、更全面地了解这家企业，从而降低投资的风险。

一般来说，观察一家企业可以从几个方面入手：

连续多年搜集相关的营收数据

想要判断一家企业的基本信息，那么最简单也最常见的做法就是搜集这家公司的一些基本营收情况，比如看看市场这几年的营收情况，观察企业在接下来几年时间里的市场占有率有什么变化，企业的利润和现金流如何，是不是处于稳定增长的状态。一般来说，类似的信息都不是保密的，投资者可以从公司官网或者对外公布的信息中了解情况。

近距离观察与交谈

想要了解一家企业的好坏，仅仅依靠一些数据信息并不可靠，因为数据可以造假，信息也可以进行修饰，想要真正了解企业的发展状况，投资者最好还是深入目标企业去了解基本的运营情况，与企业的员工和管理者进行交谈，看看员工的工作状态，了解管理层的水平和素养，评估企业运作的流畅性与效率。比如巴菲特在投资苹果之前就是这样说的：“苹果公司最打动我的地方是，拥有一个很有黏性的产品，人人爱用苹果手机，而且特别好用。确实我根本搞不懂苹果实验室里研究的那些高科技的东西，但是有一点我很懂，那就是苹果产品在客户心里的地位，因为我花了很多时间和苹果的客户闲聊。”

了解企业所在行业的变动趋势

任何企业的发展都和整个产业的发展息息相关，良好的产业环境和行业发展势头，有助于拓展企业的发展空间。反过来说，一个发展环境不好、市场衰败无序的行业，很难出现优秀的公司。投资者需要花费更长时间对相关行业发展趋势进行跟踪，可以了解行业的发展状态、产能、结构和未来的发展趋势，从而更好地了解企业的发展环境。

需要注意的是，在观察一家企业的成长趋势和价值成长时，最重要的一点就是保持独立性。为了确保不会出错，最好还是按照自己得出来的数据进行分析，别人可能会提供一些重要的信息和建议，但投资者不要总是试图从别人那儿获得数据以及观点。相比之下，投资者需要将自己设定的一些优质企业的标准进行验证，给出一份投资报告，看看有哪些企业符合长期增长的条件，哪些企业会是理想的投资对象，而哪些企业具有较大的投资风险。

第六章

集中投资重大项目，提升回报率

选定合适的投资范围，从中挑选少数几只优秀股票

在1965年的致股东信中，巴菲特谈到了多样化投资的问题：“显而易见的是，我们所尊崇的所谓多样化投资跟市场上大多数人所认为的多样化投资有着非常大的区别。同时我也想声明我本人亦非常高兴出现如下情况：我们发现了50 个或以上的投资标的，而每个对于我们而言都是具有能在一年中战胜道琼斯指数（比如 15%）的确定性的。那么我也将兴高采烈地将我们的净资产均分为 50 份，并投资到这 50 只股票上去。真实的世界却远非如此理想，我们必须非常勤奋地工作才能找到少数几项具有足够吸引力的投资项目（如能够在一年中超越道琼斯10%）。而具体到每项的投资比例上则取决于我们对它的预期收益水平以及实现该预期的确定性。”

巴菲特在投资的时候，不会盲目追求多样化的投资，而是重点关注少数几个高质量、高价值的项目，在他看来，投资要集中在那些高价值的项目上（事实上高价值的项目非常少，而且不一定能够准确把握住），正因

如此，他觉得不能将时间、精力、资金投入那些收益偏低，甚至亏损的项目上。

巴菲特的私人飞行员迈克·弗林特非常好奇巴菲特是如何积累亿万身家的，有一次他向巴菲特请教如何才能拥有一个“巴菲特式”的投资生涯，巴菲特没有多说什么，而是建议迈克·弗林特写下一生中自认为最重要的25个目标。迈克·弗林特思考了很长一段时间，将自己一生中想要实现的目标全部列举出来，然后缩减到25个。当迈克·弗林特将自己的目标拿给巴菲特看时，股神根本没有看一眼，而是让迈克·弗林特从中找出5个自认为最重要的目标。

迈克·弗林特非常疑惑，但还是照做了，他花费了很长时间才勉强整理出5个目标。接着巴菲特让他将之前的25个目标与精心挑选后的5个目标一同拿出来分析，然后对迈克·弗林特说道：“你现在知道自己应该怎么做了吧！”

迈克·弗林特点点头：“我知道了，从现在开始，我就开始重点实现这5个目标，另外的20个目标，并不那么紧急，我会在闲暇时去做这些事，然后想办法慢慢实现。”

巴菲特听了连连摇头：“不，弗林特，我想你搞错了。那些你没有重点挑出来的20个目标，不是你应该在闲暇时慢慢完成的事情，而是你应该尽量避免去做的事情。你应该躲避它们，就像躲避瘟疫一样，最好不要为它们花费任何时间和注意力。”

很多人都会产生类似于迈克·弗林特这样的想法，在他们看来，投资就是一个概率性事件，想要让自己获得更大的收益，那么就需要采取广撒网的策略，尽可能扩大投资面，拓展投资项目，分散投资机会，这样一来就有更大的概率捕捉到大鱼。著名学者哈里·马科维茨就是提倡投资多元化的代表人物，他认为多元化是分散风险的关键方法，因为当持仓股票走势不相关或者相反时，涨跌的风险可以实现对冲，也就是说，越是投资不同类型的项目，越容易起到风险对冲的作用。经济学家威廉·夏普也提出类似的观点，他认为非系统性风险可以通过多元化进行消除。但问题在于，波动并不意味着风险，而广撒网的分散投资策略，往往也会因为一些错误的投资而遭遇亏损和风险，即便从概率学上来说，投资100个项目也不比投资10个项目更加安全，更加挣钱。一方面是因为投资项目可能良莠不齐（有盈有亏），另一个方面则是因为资本的有效利用率。

考虑到一个人的时间、精力、资金、技能、人脉都是有限的，不可能在所有方面都做到最好，因此最合理的做法就是将自身的能量集中在少数能够带来最大回报的项目上，这是提升资源利用率的关键法则，也是投资的一个重要原则。无论是企业还是个人，盲目多元化的投资模式往往会带来更大的风险和更低的收益，反而是集中投资的人，更容易把握住那些好的发展机会。

那么人们究竟应该如何做好集中投资的工作呢？

首先，设定投资标准。在选择投资项目的时候，投资者一般会选择高价值、高收益、宽护城河的企业，同时选择那些自己熟悉或者在能力范围内的企业。为了明确选择的标准，需要在毛利率、净利率、净资产收益率、市盈率等多个指标上设定一个具体的数字标准。设定标准是投资的前提，也是寻找优质项目的基础。

其次，选择备选项目。在标准设立之后，可以到市场上搜寻潜在的项目和目标，只要是基本符合估值标准和投资条件的企业，就可以纳入自己的考量范围之内。在这里，投资者需要适当放宽一些限制，但不能和标准偏差太大，所选择的项目也一定要确保是行业内的翘楚，或者具备长期竞争优势。

再次，层层挑选和过滤。备选项目的产生并不意味着可以快速着手进行投资，投资者需要制定一些更为苛刻的条件进行过滤，将一些发展不够稳定、现金流太少、发展空间日益减少（一般是指那些已经非常成熟的企业）的企业剔除，将两个发展模式、产业类型相同的项目进行二选一，毕竟投资两家具有直接竞争关系的项目，往往会带来很大的麻烦。此外，投资者还需要针对自身的专业与资金实力做出甄选，一些不符合自身条件的项目也要及时排除在外。

最后，做出最终的项目选择。对于投资者来说，经过层层过滤之后，选定一只或者少数几只优质股，一般以竞争力更大、成长空间更大、品牌影响力更大的项目为主。选定项目之后，投资者就可以着手准备投资事宜，准备好资金。

对投资者来说，基本上都要按照这样的选股和投资流程，为了更加直观地做出选择，投资者可以将自己的选股标准与条件写在一张纸上，然后将潜在的备选项目写在另一张纸上，之后慢慢进行对比，逐步删除一部分企业。需要注意的是，每次删减项目最好都要隔一段时间，确保自己头脑清醒。在纸上进行对比，往往可以更直观地了解自己所做的选择，以及控制好整个选择的流程。

集中投资也要形成一个高效的组合

巴菲特是一个坚定的集中投资支持者，但是只要看看他在投资方面的操作，就会发现他所强调的集中投资并不意味着投资的单一化，并不意味着人们要拒绝多项投资，而是集中投资少数几个重要项目，尽可能打破这些项目的关联性，从而形成一种有限的多元化投资。就像他引导伯克希尔公司投资可口可乐、吉列、喜诗糖果、比亚迪、富国银行等多项业务一样，他不主张盲目扩张和分散投资，因为不同类型的资产组合在一起，或者不同经营模式的组合结合在一起，往往可以产生更好的抗风险作用。

比如在投资公用事业的时候，巴菲特曾经这样解释自己的多元化投资："从风险的角度来说，拥有10种各不相同且各不相关的公用事业收入足以支付利息，与单一来源但支付能力更大的收入相比（假设二者比例为2∶1），前者要安全得多。不管公司的债务政策多么保守，一个灾难性事件就会让单独一个公用业务陷入破产境地——卡特里娜飓风摧毁了新奥尔良当地的电力事业就是明证。一个地理灾难（比如在美国西部地区发生地震），却不会对中美能源产生类似的毁灭性打击，即使是像查理这样的忧虑者，也不会认为一场事故能够大幅度减少这家公司的公用事业收入。由于中美能源政府管制业务收入的多元化程度不断增强，这家公司能够充分利用大量的债务。”

按照巴菲特的理解，投资者想要在盈利和风险上实现平衡，那么就要想办法有限拓展投资业务，简单来说就是从众多备选项目中选择少数几只优质股，组成一个稳健的、强大的、关联性弱的资产结构。因此，巴菲特所倡导的其实是一种相对分散、绝对集中的资产组合投资模式。比如，伯克希尔公司的资产包含了保险业务和非保险业务，其中保险业务能提供大量无息或者低息的资金，从而源源不断地为其他投资提供资金上的支持。不仅如此，伯克希尔还发展了再保险业务，为一些保险公司提供再保险业务。

伯克希尔公司拥有很多上市公司的股票，同时也拥有很多非上市公司的实业资产。投资上市公司，就可以通过出售和购入股票调节资金；非上市公司提供的收益和分红，可以用于投资上市公司的股票，也可以用盈余拓展其他业务，而不用担心资金不够用而被迫出售上市公司的股票。

伯克希尔公司投资了股票，也购买了债券，格雷厄姆一直建议投资者的股票和债券以50：50的比例进行分配，考虑市场的波动和估值调整，股票和债券可能会有一定的波动，但是差距不应该太大。这种搭配和组合具有一个优势：当市场上涨时，可以通过债券以及其他控制类资产提供更多的资金追加购入股票；当市场暴跌时，债券和控制类资产的资金就有助于股市抄底。

不仅如此，伯克希尔在投资了很多轻资产项目的同时，搭配了少量重资产项目，轻资产项目成本低，现金流较大，总资产收益相对更高，升值空间大，资产抵御风险的能力更强（即便破产，资产也可以折价出售）。这两种资产进行组合，一方面保证了现金流和成本控制，另一方面则提升了风险抵抗能力和营收能力。

对于投资者来说，在有限的投资项目内打造丰富的多元化投资组合非常重要，投资者可以按照不同的需求构建这个组合。但是一般都要具备以下功能：

确保风险和盈利的平衡

不同的投资有着不同的属性和倾向性，为了保证在获利的同时，可以兼顾风险控制，投资者就要在设置投资组合时，重点关注这两个方面的关系，这也是构建投资组合的最终目的。比如，不要将资源过分集中在某一个项目上，尤其是不要将资源过分集中在某一个高风险项目上，把钱全部用来炒股或者炒期货，会承担很大的风险，拿出部分钱投资房产、实业、国债或者理财项目，则可以有效分担风险。另外，投资者最好选择关联性不强的两个或者多个项目进行投资，避免一荣俱荣，一损俱损。

确保成长投资与价值投资的平衡

在投资项目的组合中，一般会投资那些拥有很大成长空间的项目，并且选择长期持有，但是对于投资者而言，保持充足的现金流很有必要，他们需要获得及时的回报来支撑新的投资，满足日常的经济活动需求，因此需要做好那些能够及时产生现金流的价值投资。假设某个潜力股可以持股30年，安心等待它不断成长，但是投资者不可能将30年的钱全部投入这种缺乏流动性的项目上，他们在其他方面还会有开支，还会有其他投资上的需求，而这些开支就需要由一些能够定期获得稳定收益的项目来提供资金支持，诸如投资办厂的分红与开酒店的盈利。

具有相互补充、相互促进的作用

不同的投资模式往往有着不同的作用，可以满足人们不同的需求，或者可以应对不同的状况，彼此之间也存在一定的互补性。因此，投资者为了丰富自己的投资层次，强化投资的收益，可以选择那些互补性强的投资项目，构建一个互补型的投资组合。像短期投资、中期投资、长期投资的搭配就可以形成很好的效果，确保彼此之间优劣互补。

需要注意的是，整个组合的持股比例或者各项目的占比情况并不是固定的，在适当的时候，需要进行增持和减持，但任何增持和减持行为都要谨慎，而且幅度一般不要太大，以免影响投资组合的稳定性。

当商机出现时，将大部分资产进行集中投资

在谈到可口可乐的时候，巴菲特说过这样一段话：“1919年，可口可乐公司上市，股价40美元左右。一年后，股价降了50%，只有19美元。然后是瓶装问题、糖料涨价等。一些年后，又发生了大萧条、第二次世界大战、核武器竞赛等，总是有这样或那样不利的事件。但是，如果你在一开始用40块钱买了一股，然后你把派发的红利继续投资于它，那么现在，当初40美元可口可乐公司的股票，已经变成了500万。这个事实压倒了一切。如果你看对了生意模式，你就会赚很多钱。”

在巴菲特看来，选股很重要，选择那些优质股可以顺利实现财富的快速增值。不过，仅仅拥有选股能力还不行，还要有足够的魄力加大投资。有的人可能会表现得比较保守，他们可以挑选出几只非常优秀的股票，但是只愿意投入少量的资金，在他们的资产配置表格中，投资只占据了非常小的一部分，甚至有很多家庭会选择将大部分资金用于储蓄。打造一个良

好的资产组合很有必要，比如以个人和家庭来说，一个合理的资产组合应该包含投资、生活消费备用金、储蓄以及保险。在资产配置和组合方面有一个著名的“4321原则”，是指人们在进行资产配置的时候，40%的资产用在投资上，30%用于生活开支，20%用作储蓄备用，10%用于购买保险。

美国普尔公司曾经对10万个收入比较稳定且资产稳步增长的家庭进行调研，发现这些家庭的资产配置基本符合资产组合的4321原则，可见这个原则具有一定的普遍性和实用性，但实际上多数人都很难真正遇到一个优秀的投资项目，他们的资产配置只能相对保守一些。在这一方面巴菲特的做法就和多数人都不一样，早年他依靠炒股就挣到了一笔钱，当时一家人准备拿这笔钱买一套大房子，结果巴菲特看到了好的投资机会后，直接将买房的钱全部用来炒股。

把大部分资产用于最具投资潜力和投资回报率的企业上，是巴菲特积累将近千亿美元身家的关键。伯克希尔公司的资产惊人，但是几乎90%的资产集中在了少数几个优质项目上。同样地，巴菲特本人也几乎将全部净资产投入伯克希尔当中。他曾自豪地炫耀：“查理和我都有非常实际的理由，希望确保伯克希尔在我们退出后的几年里保持繁荣：芒格家族持有的伯克希尔股份，远远超过了家族的其他投资，而我99%的净资产都投在了伯克希尔的股票里。我从未出售过任何股票，也不打算这么做。”

当别人提醒巴菲特要进行合理的资产配置，要注意潜在的风险，要尝试着像其他商人和投资者一样给自己增加一些物业，或者增加一些储蓄时，巴菲特这样说道：“当下黄金雨的时候，拿一个桶去接，而不是顶针。”相比之下，很多人则欠缺他的这种魄力，他们也许只愿意拿出总资产的40%，甚至更少用于投资，即便他们真的遇到了一个非常优秀的项目。

最常见的就是以下几种情况：

——能够意识到是优质项目，但是不愿意承担集中投资的风险，在他们看来，维持日常生活开支，保留一定量的现金以防万一非常重要。在资产组合与资产配置方面，这些人是十足的保守派。

——已经拥有一个固定的资产组合，为了避免这个资产组合被打乱，他们在意识到优质项目的潜在盈利空间后，仍旧不愿意追加投资，不愿意做出调整。

——对优质项目的潜在价值持怀疑态度，拿不定主意是不是要追加投资，在犹豫不决中，很容易错失最佳的投资机会。

这些人明显不够自信，缺乏投资的魄力，最终反而失去了实现财富倍增的良好机会。查理·芒格对此深有感触，他说过一件事：几十年前，有人预备转让一家石油公司的300股股票，由于成本价并不高，加上芒格觉得这是优质股，于是很快就购买了这些股票。完成交易的第二天，对方善意提醒芒格："这个石油公司还有1500股股票出售。"芒格非常看好这些股票，不过由于当时自己没有更多的现金，想要收购更多股票就要出售手中持有的其他公司的股票，或者借贷以及变卖资产，芒格觉得有些麻烦，就放弃了这个打算。

两年之后，著名的壳牌公司以30多倍的价格收购了这家石油公司的股票，芒格因为错过了剩下的1500股股票，而直接错失了500多万美元的收益。事情还不算完，到了今天，这1500股股票的价值已经超过50亿美元。芒格为此懊悔不已，也许当初要是全力投资购入这家石油公司剩余的股票，今天的身家就会多出50亿美元。

再联想到过去几年疯狂的房地产，就会明白为什么有人会举全家之力在北京市场抢房子，为什么有的人会拿出百分百的积蓄去深圳投资买房，就是因为他们发现了一线城市房产的巨大增值空间。而很多同样发现了商机的人，却缺乏这种魄力，他们没有勇气付出全部的资金去投资房产，结果买到房子的人直接靠着房子就挣到了几百万元。将视野扩展开来，就会发现，几乎在每次投资风口出现的时候，都会出现一批获益者，而这些人都有一个共同的特点，那就是敢于把握这些绝佳的商机。

投资不仅仅需要眼光，更需要魄力，对投资人来说，如果打算买一些非常好的东西，那么一定要记得多买一点。人生有很多机会，但是真正的好机会并不多，对多数人来说，也许只要把握住一两个机会就足以改变命运，重要的是当这些好机会出现时，是否愿意集中手里的资产放手一搏。

在选定的项目上，寻求资金分配的最佳比例

巴菲特说过："对你所做的每一笔投资，你都应当有勇气和信心将你净资产的10%以上投入此股。"与之相对应的是，巴菲特一直强调理想的投资组合应不超过10只股票，当然，巴菲特的意思并不是要求搞平均主义，真正合理的集中投资并不是找出10家优质股票然后将股本进行平摊。尽管在集中投资中所有的股都是高概率事件股，但总有些股不可避免地高于其他股，总有一些股票的价值会更大一些，这就需要投资者按某种更为合理的比例来分配投资股本，确保收益和风险的平衡。比如，在伯克希尔公司，苹果公司、美国银行、可口可乐、美国运通、富国银行等少数几个投资就占掉了大部分的资金，其收益也占了总收益的70%以上。

那么如何才能做好投资股本的分配呢？是直接按照概率来进行分配吗？具体的分配比例又有什么依据呢？

有很多人会依据投资回报率来决定投资的份额，假设某人投资了4

个项目，而这些项目潜在的回报率并不相同：项目A的投资回报率高达18%，项目B的投资回报率为14%，项目C的投资回报率为10%，项目D的投资回报率为8%。那么按照各自的比例，大约可以计算出项目A的股本比例是36%，项目B的股本比例为28%，项目C的股本比例为20%，项目D的股本比例为16%。这种方法看起来比较合理，但实际上忽略了各个项目的投资风险，比如很多项目的回报率更高，但风险往往更大。

对投资者而言，不能仅仅盯着收益看，也要关注潜在的风险，需要考虑到投资的成功率和失败率，所以很多人会选择计算各个潜在投资项目的预期价值，然后找出预期价值最高的那个项目。

著名的桥水基金的创始人达利欧在《原则》这本书中讲述了预期价值计算方法：

预期价值=押对的概率×押对的奖励－押错的概率×押错的惩罚

假设某人花费100万元投资了一个项目，成功的概率只有20%，但获得的回报（纯利润）是1000万元，那么这个项目的预期价值就等于1000×20%－100×80%=120万元。

这个项目的成功率并不高，风险比较大，但是考虑到潜在的回报和收益非常惊人，因此预期价值仍旧达到了120万元，对于很多人来说，这样的预期价值还是具有吸引力的，他们愿意去冒险。

预期价值的计算方法非常适合不同投资项目的比较和选择，对投资者来说，只需要找出预期价值最大的项目即可。

假设项目A的成本是1000元，成功的概率只有30%，而获得的回报（纯利润）是4000元。那么项目A的预期价值就是：4000×30%－1000×70%=500元。

假设项目B的成本是4000元，成功的概率为60%，但回报只有3000元；而一旦遭遇失败，将会损失4000元，那么投资项目B的预期价值就是3000×60%－4000×40%=200元。

假设项目C的成本投入是10000元，成功的概率为55%，回报大约是9000元；失败后将会失去所有的成本，那么其预期价值就是9000×55%－10000×45%=450元。

通过对比，就会发现项目A的预期价值最高，尽管它的投入最少，潜在的收益也最少，但是在平衡风险方面是最好的，因此很多人会选择项目A。投资者可以按照不同项目的预期价值进行分析，然后按照预期价值的高低进行排列，按照比例进行分配。

在分配股本的时候，考虑概率和因此产生的盈亏，无疑会提升决策的合理性，能够帮助投资者了解到什么项目应该多投入些，什么项目应该适当减少。

其实，还有一种评估和分配方法与预期价值计算法一样，也考虑到了概率和盈亏之间的关联性，这就是凯利优选公式，巴菲特就是这一方法的拥趸。面对股本分配的问题，巴菲特说起过自己的方法："概率论告诉我们，当胜算大的时候，我们就应该增加自己的投资注码。与概率论并行的另一个数学理论——凯利优选模式也为集中投资提供了理论依据。凯利模式是一个公式，它使用概率原理计算出最优的选择——对我们来说，这就是最佳的投资比例。”

那么什么是凯利优选模式呢？简单来说就是一个数学公式，具体的表达是：

$$f=(bp-q)/b$$

在这个公司中，p代表投资者获胜的概率，q代表失败的概率，b代表赔率（成功时的收益与失败时的亏损比），f代表所押的资金百分比。按照这个公式，如果一个投资项目的获胜概率为60%，赔率是2，那么失败的概率就是40%，所押注的资金比例应该是40%。

1963年，巴菲特运用凯利公式购买美国运通股，那个时候，巴菲特是内布拉斯加州奥马哈的有限投资合伙公司的合伙人，由于提诺·德·安吉列牌色拉油爆发了严重的丑闻，美国运通公司的股价从65美元跌落到35美元，巴菲特认为投资成功的概率比较高，赔率也不错，所以他适时出击，花费1300万美元（这笔钱占据了合伙公司40%的资产）购入了运通公司5%的股票，结果两年之内就实现了股价的三连翻，巴菲特所在的合伙公司轻松赚走2000万美元。

在现实生活中，很多人在投资多个项目时，容易采取平均主义进行资金分配，确保每个项目或者每只股票都可以获得同等多的资金，但不同项目的投资成功概率是不同的，将那些概率更高项目上的资金匀给那些概率偏低的项目，无疑会降低整体的收益。有的人喜欢依靠主观判断和兴趣爱好进行分配，结果导致潜在概率高的项目投入了较少的资金，而那些概率相对较低的项目投入了较多的资金，这样一样会导致整体收益的下降。

假设有个人拥有三个较为满意的投资项目，其中项目A的概率最高，达到了70%，赔率为0.5；而项目B的成功率为60%，赔率为2；项目C成功的概率为40%，赔率为4。那么按照平均分配的原则，每个项目的资金分配都是33.3%，按照这种分配原则，整体的投资成功概率不会太高。如果项目A分配了20%的资金，项目B分配了30%的资金，项目C分配了50%的资金，这样的分配往往会存在很大的风险，将大部分资金押注在低概率的项目上显然不合理。

相比之下，凯利优选法在投资分配中更为合理，它可以在多个项目投资的资金分配中发挥真正的作用，确保资金投资可以发挥出最大的收益。按照凯利优选法，项目A的资金分配应该约为10%，项目B的资金分配为40%左右，项目C的资金分配为25%，剩下的资金可以留下来寻找其他投资。

在投资中，关于资金分配的模式多种多样，每个人的出发点不一样，关注点不一样，所做出的选择肯定也不一样，但是从集中投资的角度出发，如何确保各个项目上的资金分配更加合理，可以在提升收益的同时，更有效地控制好风险。只不过凯利公式更加适合长期投资，而且一些有关联的投资组合会影响凯利公式的正确性。

割掉那些不挣钱的业务

很多企业在对企业进行估值的时候，往往会关注企业的营收情况以及利润，但是这种关注往往只停留在一个整体营收情况的计算上，却忽略了一个事实——整个企业投资和经营的项目有很多，其中有一些项目可以创造很多的利润，但是也有一些企业可能根本不挣钱，甚至产生了不小的亏损，它们反而会被良好的整体业绩掩盖掉。

巴菲特在某一次会议中，就特别谈到了这个问题："在判断是否应将盈余保留在公司时，股东不应该只是单纯地比较增加的资本所能增加的边际盈余，因为这种关系会被核心业务的进展状况扭曲。在高通货膨胀时代，某些具有特殊竞争力的核心业务能够运用少量的资金创造极高的收益率（如同去年我们提过的商誉），但是，除非它们正在经历巨大的增长，否则出色的业务会产生大量额外的现金。即使一家公司把绝大部分资金投入低回报的业务中，公司留存盈余的总收益仍可能表现出色，因为投入核心业务中的那部分留存盈余产生了超常的回报。这好比职业选手和业余选手进行混合高尔夫球赛，即使大部分业余选手的成绩一塌糊涂，但团体比赛只取最好的成绩，所以职业队员的技巧起了决定性的作用。

许多表面上持续绩效良好的公司，事实上是毫无吸引力的，甚至是在灾难性的经济基础上使用它们的大部分留存盈余。年复一年持续增长的辉煌的核心业务使它们盈利，掩盖了其他资产分配领域不断重复的失误（通常是用高价并购平庸的企业）。管理层也一再强调他们从上一次挫败中所学到的经验，但同时在物色下一次失败的机会（失败看起来已经扎根于他们的头脑中）。”

在巴菲特看来，保持高效投资的一个重要方式，就是保留那些高报酬的业务，然后消除那些不挣钱的业务，这是提升业绩和利润的一个重要方式。这些年，巴菲特并没有完全遵守长期持有的原则，很多项目实际上只有短短几年时间就被他抛售了，最典型的就是IBM，当巴菲特意识到自己无法从IBM身上获得更多的收益时，仅仅6年时间，他就将股份撤销出来，然后想方设法将这笔钱用于其他投资当中。在2020年3月，巴菲特清空了伯克希尔公司投资的航空股票，此前他投资的航空股已经产生了超过50亿美元的亏损，为此他非常沮丧地说道：“对航空公司来说，世界已经改变。我不知道它是如何改变的，我希望它能以合理的方式迅速纠正自己。我不知道美国人现在是否已经改变了他们的习惯，或者会因为时间的延长而改变他们的习惯。”

从投资的角度来说，割掉那些不挣钱的业务，其最终目的是确保收益的最大化，那么具体应该怎样去做呢？

从操作上来说，最常见的一种模式就是出售那些不挣钱的业务，然后追加那些盈利的业务。对投资者或者企业而言，不挣钱的业务往往会成为资本负担，公司可能需要持续投入一笔资金维持项目的运营和业务的流程，而这样又会产生很大的机会成本（错失投资其他项目的机会）。假设一家公司投资了5个项目，分别是A、B、C、D、E，其中前面4个项目的营收比较稳定，而项目E最近几年一直都在亏损，那么最合理的做法就是撤下项目E，将资金投入其他4个盈利的项目当中去。

一般来说，投资者可以选择在不挣钱的业务上缓慢减少投资额，这样做的目的就是依据各项业务的变化做出调整，比如同样是A、B、C、D、E5个项目，前面4个项目的盈利比较稳定，每年都稳步增长，而项目E相对波动较大，收益基本上呈现出逐年减少的趋势，某些年份可能会亏损，这个时候就可以选择逐步减少投入的资金，按照步骤退出市场。

如果有条件的话，可以将那些不良资产打包出售给其他企业或者投资者。事实上，很多不良资产只要换个环境，换个管理者，换个投资人，有时候还是可以挖掘新的利润增长点的，有很多企业甚至通过收购不良资产来捡漏。比如，橡树资本联合主席兼创始人霍华德·马克斯，在2020年管理着高达1200亿美元的资产，其中不良资产就占到了200亿美元，这也是全球最大规模的不良资产收购。其他企业也有类似的业务，它们通常将这些不良资产称为“特殊机会投资”，特殊机会投资是指当经济发展到了某个特殊周期，宏观环境发生了某种变化，又或者目标企业发生了意外事故，导致企业发展不畅，遭遇亏损。这个时候，外来的投资者可能就会趁机介入和收购。虽然这类不良资产的价格并不会太高，但是相比于紧急撤销和退出，出售有时候还可以换取更多的利益。

总的来说，压缩、撤下或者出售那些不挣钱的业务，不仅符合企业盈利的要求，也符合企业坚持的集中投资的策略，将那些不良资产中的资本集中用于盈利强的资产和业务当中，这样就可以更好地提升资本的利用效率和企业的盈利能力。

需要注意的是，所谓的不挣钱业务有一个时间标准，一般是指长期以来面临亏损或者盈利不高的公司，比如一只股票在持股10年之后，仍旧面临亏损，那么就没有必要继续留在手上。那些短期内不挣钱但未来有巨大发展空间和盈利空间的股票，仍旧值得长期持有。同样地，一些短期内会挣钱，但是不具备增长空间的股票，应该尽早抛售，或者从一开始就要避免购入。投资者需要把关注重点集中在一个公司的经济运行状况上，像那种一味寻求廉价股票的行为应该被终止，人们需要设定一个优秀公司的标准，然后将那些明显不符合预先设定标准的公司排除在外。

持有某只优质股时，可以继续追加投入

如果对伯克希尔公司的持仓比例进行分析，就会发现，越是容易获得高额报酬的项目，巴菲特投资的金额越大，比如苹果公司就是伯克希尔持股最多的一只股票，尽管在2020年有所减持，但在2020年12月31日，伯克希尔持有的苹果股票仍旧高达1204亿美元。排名第二的是美国银行，约313亿美元，第三是价值219亿美元的可口可乐，依次往后推则是美国运通的183亿美元，Verizon通信的86亿美元，穆迪的71.6亿美元，美国合众银行的69亿美元，比亚迪的58.97亿美元，雪佛龙的40.96亿美元，以及Charter通信的34.5亿美元。

作为伯克希尔2020年第四季度持仓排名前十的项目，它们占据了伯克希尔资产的绝大多数，而持有的苹果公司股票的价值更是比后面九大公司的总和还要多，这样的投资分配也表明了巴菲特投资的策略：在高质量的项目上投入大部分资产。事实上，对科技股向来不敏感的巴菲特，在投资

苹果上还是有点反应迟钝（2016年才投资），但回报一直不错，因此他非常看好苹果公司，并从最初的980万股（投入成本大约11亿美元），慢慢增加到了9亿多股，前后大约投入了350亿美元的股本。在巴菲特看来，苹果公司的股票是非常值得投资的优质股，未来增值空间非常大，值得不断追加投资。

在投资可口可乐的时候，同样如此，巴菲特先后数次增持股票，而之所以会这样，主要在于巴菲特一直都认为，一家优质的拥有良好成长空间的公司，是值得不断增持的，当然前提是这家公司的股价还有上涨的空间。在这一方面，既体现了巴菲特集中投资的魄力，也体现了他对于集中投资理念的坚守。追加投资通常适用于长期投资者，因为只有这些人才善于等待和利用时间来挣钱，而短期投资者更希望通过快速的买卖来挣钱，继续购入一个拥有上涨趋势的股票，对他们而言往往意味着成本的增加和风险的增加。正因如此，在日常生活中，很多人都不会采取类似的方法进行投资，就像炒股一样，多数炒股者可能是一次性购入股票的，只要股价有一定的上涨幅度，他们就直接选择抛售，而不会想着继续买入，等待价值的成长。

假设一只股票的价格是10元，很多人都看好它会继续上涨，其中甲投资了100万元购入10万股，乙也投资了100万元购入10万股。等到股价上涨到15元的时候，甲选择出售股票，这个时候，他手里的股票价值150万元，净收益50万元。而乙在股价上涨到15元的时候，继续出资150万元，购入10万股。这个时候，乙前后一共投资了250万元，但是他仍旧在等待，而半年后，股价上涨到了20元每股的高峰，这个时候，乙出售所有的股票，所得的收入为400万元，扣除250万元的股本，盈余150万元。

对于甲来说，选择适可而止，就在于自己已经得到了一定的收益，如果继续持有股票，可能会有更高的收益，但是一旦股价下跌，自己现有的收益就会压缩，甚至有可能还会出现亏损，与其这样，还不如及时退出。对于乙来说，只要自己认定是优质股，股价还会继续上涨，那么从长期投资的角度来说，继续追加投资就是更为合理的安排。还有一点，投资者必须确保上涨的幅度要比自己投资其他项目的回报率更高。

需要注意的是，并不是所有的好项目都是在股价上涨时追加投资的，对于秉持长期投资理念的人来说，集中投资还可以表现为在市场下行时低价获得股票的投资行为，简单来说，就是投资者认为股价虽然一直在下降，但这是一只不错的股票，而且很快就会触底反弹，这样一来就使得人们可以降低平均成本来获得更高的收益。

假设一只股票在最近一个月一直在下降，股价从最初的30元每股，下降到了20元每股，投资者在这个价位上购入了10000股之后，股价继续下跌到18元，投资者直接亏损了20000元。但投资者认为股价肯定会上涨的，于是继续购入10000股，这个时候，对投资者来说，手上一共有20000股股票，而这些股票只要价格上涨1元钱，自己就可以将之前的20000元亏损补回来，只要上涨2元钱，就可以实现20000元的盈利，而继续上涨的话，盈利更大。

实际上，有很多投资者在面临亏损时，就会适当地通过继续购入股票来降低风险，因为每一次股价下跌时追加投资，都会导致总成本的下降，这是一种非常有效的平摊风险的方法。

由此可见，集中资金进行追加投资实际上不仅可以在股价上涨时增加营收，还能够在股价下跌时有效降低风险，这种投资模式非常适合长期投资者使用，只不过，想要熟练使用这种投资方式来强化集中投资的效用，最重要的还是一点：最好还是找出那些具有上涨空间的好股票，找到那些具备长期投资条件的优质股。只有在一个较长时间跨度内拥有成长空间，才能够在追加投资时获得更高的收益和更加合理的风险管控。虽然，某些好的短期投资项目也可以追加投资，但是这样做的风险要比长期投资中追加投资更大，并不适合普通投资者。

把每一次投资当成唯一的投资机会对待

有一次，巴菲特和一些大学生进行交谈，其间，巴菲特提出了一个问题：如果想要拥有一辆车，那么会选择什么牌子的呢？学生纷纷做出了回答，有的人看重时尚炫酷的、功能突出的品牌，有的人看重有商务气息的车子，还有一些人追求实用性。在大家还沉浸在各种不同的选择中时，巴菲特对刚才的问题进行了补充："我现在就送你一辆车，任何你想要的颜色、款型，选好第二天就送到。但是有一个条件，这辆车将会是你人生中的唯一一辆车。你会怎么做呢？你会很爱惜这辆车，保养它，关心它。当然，你的人生可以拥有很多辆车，但却只有一具身体和一个大脑。它们现在运行得很好，但它们一辈子跟着你，你需要好好地爱惜它们。"

面对这样的条件，很多学生开始犹豫不决，巴菲特认为现实生活中总会有各种各样的机会，无论是恋爱、工作还是创业，人们似乎总有更多的选项，但正是因为选择很多，才常常会导致人们无法保持专注，无法集中精力去做好一件事。恋爱中的人可能会留出一部分情感和精力去应付其他的“备胎”；上班族可能会在不同的工作中徘徊不定，无法静下心来工作；投资者则在不同的项目上反反复复，纠结不已，始终没有集中投入的魄力。所以巴菲特认为，人们想要保持专注，就要尝试着将每一次投资当成唯一的投资机会，只有这样才会足够严谨，足够投入。

对于投资者来说，除了选股和投资的能力之外，投资的态度也至关重要，他们需要保证自己拿出更好的状态来应对每一次的投资。比如在选股时应该更加严格、谨慎，不能依据个人的主观判断，也不能盲从他人做出决定。真正想要选出合适的优质股，就需要做到客观合理的独立分析，并且做到多层次的审核，确保项目投资万无一失。在这个过程中，投资者需要想方设法集中精力和资源进行估算，对于不符合衡量指标的标的公司和项目，要直接予以否定，然后在那些符合指标的项目中进一步进行对比和挑选。

巴菲特和芒格在挑选优质股的时候，会集中精力和时间对那些候选公司进行观察、评估，整个选股时间可能会长达10年之久。很显然，对于那些自己已经开始关注的公司，巴菲特并不急于出手，他会集中注意力去“盯梢”，尽可能给出足够合理的理由来说服自己去投资。在投资可口可乐和喜诗糖果的时候，巴菲特并没有第一时间就被“优质的条件”说服，也没有被其他劝说者打动，而是耐心地进行分析，并等待着最佳的出手时机和最佳的出手价格。

在选股之后，更重要的一点就是确保更多优质资源的投入。由于一直都在暗示自己“这是唯一的投资机会”，因此会在投资中产生很多积极的影响。

目标开始变得更加清晰而明确

通常情况下，当投资者意识到自己有多个选择机会，或者意识到下次还有机会投资时，就容易出现一些不专注的行为，他们会寄希望于下一次表现得更好，会寄希望于将资源投入下一个更好的目标当中去，最终导致他们无法针对目标做出更加清晰的战略部署和投资计划。而当他们不断提醒自己“这就是唯一的目标”时，就容易全身心地投入目标的追逐当中去，他们不会在其他项目上浪费时间，或者在不同的目标之间反复转换，以免影响最终的收益。

资源配置不断集中与优化

由于投资者会强调这是唯一的一次机会，他们期待着从这个项目中获得更多的回报，他们会尽可能选择将最好的资源、最多的资源供应在这个投资上，会不断优化相关的资源配置，无论是人才配置还是资源配置，最终都会以最优化的组合出现，提升投资的效率。相反地，如果人们一直都在思考着下一次是否还有更好的机会，就会在投资上有所保留，他们不愿意冒险在这些优质项目上付出更多，而是想着如何在不同项目和机会上打造一个平衡。

流程的完善和复盘

在资源集中和注意力集中的前提下，如何打造一个高效的、合理的流程显得非常重要，投资者一般会将注意力放在流程上，对每个流程上的环节、细节和相关的要素都会进行认真把关，确保不会出现纰漏。不仅如此，投资者会更加注重流程中的反省和必要的复盘工作，对那些存在的问题和出现的错误进行回顾、总结和分析，及时解决问题，防止类似的问题成为一个巨大的隐患。当人们有更多的选择时，他们无法集中注意力解决问题，也不愿意在某个项目上耗费更多的时间，这种有所保留的心态会影响他们的执行力。

更加细致的分析和推理

对于那些不希望错过机会的人来说，他们无疑会在投资过程中更加谨慎，会通过更加科学、详尽的分析找出最合适的投资方案。比如查理·芒格在做出投资决策之前，会不断思考问题，思考各种各样的问题，以确保自己可以想得更深更远。有人曾经特意去分析芒格的思考模式，发现在整个思考过程中，他平均会思考492个问题，听起来有些不可思议，但也许正是因为有着严谨的思考，芒格才能坚持几十年只投资几次。对于其他投资者来说，很少有人会有芒格这样的偏执，但同样会给予更多的思考和分析。

抗压能力的提升

投资不可能总是一帆风顺，投资者很容易遭遇到各种各样的问题和困难，在面对这些问题的时候，投资选项多和选项少的人往往具有不同的心理承受能力。一般情况下，那些意识到自己还有其他机会去投资的人，会在遭遇危机时表现得更加保守和怯懦，他们的抗压能力往往要差一些。而那些想着“只有一次机会”的人，从一开始就抱着必胜的决心接受各种挑战，他们不会给自己留下退路，因此会提醒自己不要轻言放弃，努力克服困难。

在面对投资时，巴菲特曾经这样说：“如果我挑选的是一家保险公司或一家纸业公司，我会把自己置于想象之中，想象我刚刚继承了那家公司，并且它将是我们家庭永远拥有的唯一财产。”可以说，正是投资项目的这种唯一性使得他愿意保持集中投资的策略来确保效益的最大化，使得他能够保持更加专注的心态来经营好每个投资项目，而这样的心态对于每个投资者其实都是有必要的。

第七章

制定财务指标，寻求最合理高效的投资

把握产品盈利指标，提高毛利率

巴菲特曾经和股东谈起了投资可口可乐的理由：“一旦我们找到杰出管理层所经营的非凡生意，我们当然乐意一直持有。对可口可乐所经营的高毛利率产品，我的确看到了它们对消费者异乎寻常的吸引力，以及不错的前景。52年来我一直在享受着可乐，但直到1988年我的脑袋才转过弯来，终于看到了这迷人的机会。”

在这里，巴菲特强调了毛利率的重要性，毛利率一直都是巴菲特非常看重的一个指标，一家公司的毛利率是否足够高，往往会成为他投资的一个依据。比如在投资可口可乐之前，巴菲特实际上对整个公司之前的发展状况进行过详细的了解，而毛利率就是他重点考核的项目之一。那个时候，巴菲特发现可口可乐公司的毛利率比较高，虽然在1976年到1980年这4年间，由于管理不善，可口可乐的盈利一直不佳，产品的毛利率从一开始的18%直接降到了12%。但之后上任的CEO戈伊苏埃塔对此非常重视，认为公司长此以往必定会失去市场竞争力，弄不好就会被百事可乐以及其他饮料品牌追赶上来，为了保持住产品的优势，他开始着手进行管理改革，重点提升产品的竞争力，结果毛利率很快从12%上升到了19%，后来甚至上升到了80%，并长时间保持在一个高位上。巴菲特对于可口可乐的毛利率非常满意，觉得这是一家有竞争力且具备长期竞争优势的企业，最终决定投资，而现在，可口可乐的毛利率已经连续十几年维持在60%以上。

所谓毛利率，是营业收入减去营业成本，然后除以营业收入的结果。这个概念反映了企业产品销售的初始获利能力，是企业净利润的起点，是公司业务转化成为利润的核心能力。通常情况下，毛利率偏低的企业是没有办法形成良好的盈利的。而高毛利率往往代表了企业拥有更强的获利能力和生存能力。

很多人会认为毛利高的产品一定拥有高的毛利率，但实际上毛利和毛利率是两个概念，毛利高的产品不一定具有更高的毛利率。

假设有人准备开店卖商品，其中商品A的成本消耗是10元，售价为20元，那么毛利就是10元。而商品B的成本消耗是40元，售价为60元，毛利是20元。按照毛利的大小，人们似乎应该选择出售商品B，但实际上这种衡量盈利的方式并不合理，因为毛利率才是更合理的指标，而商品A的毛利率是50%，商品B的毛利率为33.3%，也就是说，同样要出售价值100元的商品，出售商品A可以挣到50元，而出售商品B只能挣到33.3元。如果人们准备卖出去价值600元的商品，那么商品A的成本消耗是300元，毛利也是300元。而商品B的成本消耗是400元，毛利为200元。

在同类或者同价位的商品中，毛利率越高，常常表明产品越受消费者欢迎，因为消费者愿意付出比同类产品更高的价格来购买产品，这样一来，相应产品的盈利能力自然也就变得更强了。同样地，毛利率越高，意味着公司和产品的生存能力越强，它们即便在恶劣的市场环境中也能够生存下去，因为当产品销量不断下降时，公司完全可以通过降价促销的方式提升销量。相比之下，毛利率低的产品则很难在价格战中生存，降价促销只会进一步压缩盈利空间，它们很容易在这样的情况下遭遇倒闭的危机。

有人做过一项调查，发现世界上毛利率超过50%的公司，它们跑赢了同期实际上最好的基金的指数。而且这些毛利率超过50%的公司需要在一个较长时间段内体现出自己的竞争优势和内在价值，以同期的上证指数作为对比，这些公司的上涨幅度从一开始的落后上证指数，到领先越来越大，就表明了它们具有很好的可持续性，而且会在长期投资中强化自己的优势。此外，这些公司虽然也会经历股价上涨和下跌的波动，但是相比于上证指数在行情不好时的下跌幅度，它们的抗跌能力更强，甚至会逆势上涨。

那么人们应该如何选择投资项目呢？

一般来说，直接影响毛利率的因素是产品成本和产品价格，而产品成本与原材料价格和生产加工技术水平有关，产品价格则取决于区域市场供求关系、产品竞争力和定价权。所以想要提升毛利率，或者挖掘那些毛利率高的公司，可以考虑价格方面，即这家公司是否拥有产品定价权，是否拥有强大的竞争优势，是否在进货渠道和销售渠道方面占据成本优势，该公司的产品和服务是否在市场上供不应求。比如巴菲特喜欢一些具备特许经营权的企业，这些企业可以提升产品价格，但是成本和行业水准差不多，甚至还要低一些，这样它们就可以保持远远高于行业平均水平的毛利率。

投资者也可以直接对目标公司进行分析，看看该公司在一个较大时间跨度内毛利率的具体表现。比如巴菲特认为，只有那些具备某种可持续性竞争优势的公司才能在长期运营中一直保持盈利，尤其是那些毛利率在40%及以上的公司，它们的竞争优势非常明显，发展势头良好，是非常理想的长期持股对象。投资者应该重点看一看过去10年（至少也要过去7年）那些毛利率偏高的企业，看看有多少企业的毛利率在40%以上，这些企业适合长期投资。当然，投资者也可以按照自己的想法和标准进行投资，不过即便如此，人们还是应该选择那些毛利率远高于行业平均水平的企业；应该选择那些毛利率都表现得比较稳定的企业，它们的毛利率不会有太大的起伏；应该选择那些在较长时间跨度内毛利率都可以稳定高于行业平均水平的企业。

投资那些具有持续且稳定盈利能力的高净利率公司

有人经常询问巴菲特为什么不投资百事可乐，而如此看好可口可乐呢？要知道百事可乐最近几年的营收比可口可乐要多很多，以2019年为例，可口可乐的营业收入为372.66亿美元，而百事可乐的营业收入达到了671.61亿美元，将近300亿美元的营收差距证明了百事可乐巨大的体量。

如果光看营业收入，就会发现百事可乐要比可口可乐更加强大，但是营收差距的背后，则有另外一组数据的对比：可口可乐当年的净利润为89.20亿美元，而百事可乐净利润为73.14亿美元，只要将利润和主营业务收入进行对比，就会发现可口可乐在1元营收中可以净赚更多的钱。很显然，寻求多元化发展的百事可乐并没有比可口可乐更加出色，可口可乐公司就甩开了百事可乐公司一大截，也正因如此，巴菲特一直都在强调百事可乐永远无法赶超和取代可口可乐，这并不是夸大其词。

巴菲特在衡量可口可乐和百事可乐时，就用了一个比较看重的财务指标：净利率。净利率是指净利润和主营业务收入的百分比，主要是说企业收入1元钱时能够净赚多少钱。以上面的可口可乐公司为例，净利率为：89.20÷372.66≈0.239360，百事可乐的净利率为：73.14÷671.61≈0.108902，两者相差了两倍之多。如果两者同样是收入，那么可口可乐的净利润将会是百事可乐的两倍以上。这就意味着可口可乐公司的运营成本更低，生产和销售的费用更低。

净利率往往会用来衡量企业的竞争力，即用更少的成本挣更多的钱，也正因如此，巴菲特一直都将高净利率作为衡量一个企业优秀的指标，他所选择的很多优秀公司都拥有高净利率。那么对于其他企业来说，想要通过提升净利率来强化竞争力，就需要把重点放在净利润的提升、成本的控制上。

提高价格

在维持同等规模的销量和成本下，提高价格会直接提升产品的净利润，从而有效提高产品的净利率。假设某产品的销量是1000件，单价为50元，营业收入为5万元，扣除3万元的成本，净利润为2万元。把单价提升到60元时，营业收入会变成6万元，扣除成本3万元，净利润为3万元。这个时候的净利率会从原来的40%（2万元除以5万元）上升为50%（3万元除以6万元）。

需要注意的是，提升价格必须控制好范围和幅度，一旦大幅度提升价格，就很有可能会导致产品的销量受到很大的影响，这反而不利于企业的盈利和发展。

降低营业成本

在提升净利率时，如何在确保不影响主营业务收入的前提下提高净利润是一个主要的方法，而提升净利润的一个常用方法就是降低成本，缩减营业的相关费用，减少不必要的支出，这样就可以达到少花钱多挣钱的目的。一般来说，企业或者投资者需要进行更为合理的财务管理，减少内部的资源浪费，辞掉多余的工作人员，降低原材料的进价，同时利用新技术提升工作效率，那么企业的成本就会降低。

需要注意的是，对于企业来说，提升销量往往也可以有效提高净利率。假设某产品的销量为2000件，单价为20元，单个产品的成本为10元。当产量增加到3000件的时候，营收额为6万元，成本似乎也为3万元，但其实并非如此。随着销量的扩大，单一产品的成本一般会越来越低，原因就在于很多成本在前期已经支付了，比如设备购买、厂房建设、店铺租借费用、员工的基本工资，这些钱不需要在增加销量时重复计算。所以当产量增加到3000件的时候，产品的单价虽然不会发生变化，但是单个产品的成本肯定会控制在10元以下。正是因为先期有很多成本投入不需要重复计算，使得销量提升可以直接转化成为净利润的提升和净利率的提升。

企业的净利率和竞争力往往有一定的关联性，企业可以通过以上这些方式来提升竞争力，而对于投资者来说，也需要选择那些具有提价权和降低成本能力的企业，巴菲特认为净利率大的企业往往具备更大的竞争优势，虽然这不是绝对的，但是净利率与竞争力之间有着必然的联系。从长远发展来考虑，一家优秀的公司，它的报告净利润占总收入的比例肯定会明显高于竞争对手。市场上因此存在一个通用的规则，那就是如果一家公司的净利润一直占到总收入的20%以上，也就是说净利率维持在20% 以上，那么这家公司在未来很长一段时间内有很大可能会维持相对竞争优势。相反，如果一家企业的净利润持续低于其总收入的10%，那么它很有可能处在一个高度竞争的行业之中，整个行业中没有公司能够维持长期的竞争优势。在这个绝对量化的观点背后，实际上留出了一个灰色地带——那些净利率位于10%—20%的公司，很容易被投资者忽略，要知道其中可能也隐藏着一些值得长期投资的公司。

此外，企业净利率的高低并不一定就会反映企业的发展情况，因为企业净利率往往还和行业发展水平息息相关。比如同样是非常优秀的公司，贵州茅台的净利率可能会达到30%以上，甚至更高；而格力电器的净利率只有6%左右，原因就在于酒类的利润非常高，而电器设备制造的成本很高，利润被压缩得非常厉害。还有一点，一味地追求高净利率也不合理，像银行之类的金融机构，如果净利率太高，就意味着公司可能在贷款中挣快钱，而导致银行承受巨大的风险，这对银行的长期发展会产生很大的负面影响。

总的来说，高净利率可以作为一个衡量的指标，但绝对不是唯一的标准，它还需要同其他指标结合起来分析。

权益资本盈利能力非常关键，选择净资产收益率高的企业

有人曾向巴菲特咨询选股的指标，巴菲特非常爽快地说出了自己的想法："如果非要我用一个指标进行选股，我会选择ROE（净资产收益率），那些ROE能常年持续稳定在20%以上的都是好公司，投资者应当考虑买入。"

那么什么是净资产收益率？为什么它会受到巴菲特的重视呢？净资产收益率等于净利润除以股东权益，又被称为股东权益报酬率、权益报酬率、权益利润率。股东权益报酬率是评估和衡量企业内在价值的重要指标，特别是对上市公司而言，它是一个非常好的评估其价值增值能力强弱的指标，可以更好地反映出公司管理层利用股东投入的资本实现了怎样的经营效率。比如股东权益报酬率越高，投资回报率和盈利能力越高，表明公司股东权益也处在高速增长的状态。而相应地，这家公司的内在价值和股票价格也会随之稳定增长。

很多中国投资者在评价一家上市公司的好坏时，往往会选择将目光聚焦在每股盈利水平是否会持续增长上，在他们看来，每股盈余才是衡量上市公司价值的指标，但事实上ROE才是那个更加准确可靠的指标。ROE不仅是一个非常重要的财务指标，甚至被人称为财务指标全能王，这一点可以从公式中看出来。

净资产收益率=净利润/净资产

净利润/净资产=净利润/销售额×销售额/总资产×总资产/净资产

其中净利润/销售额体现了市场部门的净利率，表明公司每销售1元钱的产品能产生的利润；销售额/总资产体现出资金周转的快慢，是资产利用效率的表现，总资产/净资产体现了杠杆率，反映出总资产中存在多少股东权益，有多少是债务，如果债务相对股东权益越高，意味着杠杆回报越大，对外来债务的利用更好，偿还债务的能力越强。这三点正好对应了公司三个重要的财务指标：盈利能力、营运能力、偿债能力。

在巴菲特看来，ROE是一个非常理想的财务指标，可以有效帮助投资者进行估值和选股，不过有些公司的ROE非常高，但公司的估值并不低，这样就使得很多资金不足的投资者望而却步。因此，普通投资人也可以按照巴菲特设定的标准即选取ROE大于15%的基准来扩大选股范围。一般来说，ROE指标高于15%的公司已经比较优秀，投资者可从中挖掘出合适的标的公司，而巴菲特喜欢的是那些ROE高于20%的企业（或者连续10年的ROE都要大于15%），在这个标准线上，更容易挖掘那些优质的企业。

比如2018年，有人对过去10年国内的优秀公司进行分析，发现它们都具有高ROE的特点，比如安防巨头海康威视的ROE为29.6%（毛利率为

47%，净利率为28.2%），贵州茅台的ROE是27.9%（毛利率为87.5%，净利率为36.1%），格力电器的ROE为28.8%（毛利率为24.9%，净利率为6.5%），洋河股份的ROE为27.2%（毛利率为57.8%，净利率为28.1%）。通过数据分析，就可以看出高ROE与企业内在价值之间的关联性。

对于企业来说，更高的ROE不仅意味着更强大的盈利能力，还意味着更多的关注，也正因如此，有很多企业在提升ROE的时候，会使用上面被拆解的公式，像茅台的ROE之所以很高，是因为净利率非常高。诸如房地产公司、保险公司则有效提升了杠杆，通过更高的杠杆来提升ROE。还有一些食品行业的企业，则喜欢通过提升资产周转率来保证ROE处于一个更高的水平上。一些优质的企业（如伯克希尔）会选择分红和回购来减少净资产，提升ROE。

一般来说，能长期维持高ROE的企业往往在某方面具有竞争优势，这些竞争优势能为企业带来更多的收入，能够带来更大的市场。以华为公司为例，华为公司每年都会将10%的收入投入研发当中，以2018年为例，投入研发的资金就超过了人民币1000亿元，这样的投入使得华为连续多年成为全球最多专利持有者，而大量的专利技术给华为带来了很大的竞争优势，因此华为的ROE也维持在了25%的高水准上。对于以竞争激烈著称的通信行业来说，这样高的ROE还是非常难得的，像诺基亚和爱立信甚至曾长期处于亏损状态。可以说华为的技术研发实力以及研发投入就是一个强大的竞争优势，无论是诺基亚、爱立信还是思科，都无法在这一方面对华为形成挑战。

技术优势的形态多种多样，一流的管理者、特许经营权、成本优势、技术优势、品牌文化、情感联结都属于技术优势。比如茅台酒的竞争优势在于品牌和定位，在多数人眼中，它就是中国白酒中的王者。海康威视在于强大的技术实力和无可匹敌的市场规模，这些都是其他对手不具备的。

对于投资者来说，他们追求的并不是一年的ROE达到20%或者更高，而是要求企业的ROE在一个较长时间段内都保持在20%以及以上，因此企业的经营模式和技术优势都是值得考量的要素。比如，一家地产公司长期通过高杠杆来提升ROE，但是随着地产行业的变化，这种高杠杆模式可能会带来越来越大的风险，或者说这种杠杆提升的模式能不能持续更久，投资者需要尝试着挖掘这家地产公司的竞争优势，看看它是不是拥有足够的资金、足够的品牌效应，是不是拥有出色的市场定位，或者是不是拥有优秀的管理团队。

投资者不仅要找到那些长时间保持高ROE的公司，还要想办法挖掘推动ROE提升的那些因素，看看这家企业真正的竞争优势是什么，是不是能够支撑起ROE在未来很长一段时间内都保持在15%或者20%以上。需要注意的是，有些公司的股东权益会显示为负数，如果公司的财务报表上连续几年都显示强劲的净利润，那么该公司可能是一家具有持续性竞争优势的公司。

此外，ROE只是评判企业估值高低的一个重要指标，它的确对企业估值有很大的参考价值，但并不是绝对就能影响企业的估值。评估一家公司是否优秀，是否值得长期投资，是否具备高额的回报，还应该去关注和分析其他的指标，比如经营资产的盈利能力、资金的周转情况、财务杠杆等，甚至还要分析这家公司的诚信问题、产业环境。只有在多个维度上进行研究，才能形成一个更加准确的估值。

不要被账面收益蒙蔽眼睛，更多地关注股本收益率

1987年，伯克希尔最大的7家非金融子公司的营业收入达到了1.8亿美元，税后收入为1亿美元。单看数据并没有什么，但是考虑到这7家公司只承担了200万美元的利息费用，可以得知这些公司所有收入的产生都来源于股本，并且这7家公司的股本一共只有1.75亿美元。由此可以发现，伯克希尔公司的这7家公司在很少使用债务的情况下获得了惊人回报。

在评估一家企业是否值得投资时，很多人首先想到的就是关注这家企业的账面收益，看看这家公司在过去一年或者几年时间里的收益情况，他们只专注于收益，并且当自己发现企业的收益无法满足要求时，就会选择放弃，而当账面收益很高时，就认定这是一家优秀的公司。但是从企业经营的角度来说，账面收益并不意味着投资者就一定可以挣到钱，因为很多名义上的收益和利润包含了大量的债务资本所得，如果没有那些债务资本，企业的利润就会大打折扣。

投资者不要被太多的账面收益和总盈利蒙蔽，要看实际的股本创造的收益是多少，应当关注的是每1元钱的股本所创造的净收入，因为这个股票业绩指标直接关系到投资者的收益。投资者真正应该关心的是自己的投资收益，自己是否从股票中获得现金流，是否得到了股息，自己购买的股票价格上升了没有，自己获得的总收益是多少。

事实上，巴菲特更喜欢用股本收益率来衡量企业的盈利状况，因为股本收益率是用公司净收入除以股东的股本，具体的公式为：股本收益率=净收益/［（期初资本+期末资本）/2］。它直接衡量公司利润占股东资本的百分比，相比于收益，股本收益能够更有效地反映公司的盈利增长状况。比如一家公司要维持稳定的股本收益率，就需要确保盈利增长率超过股本收益率，简单来说，假设一家公司想要将股本收益率维持在20%，那么盈利增长率必须维持在20%以上。所以当一家公司拥有不错的股本收益率时，它的盈利基本上也会非常可观。股本收益率可以反映出盈利的走势，股本收益率的上升，往往也意味着盈利率的上升，股本收益率的走势稳定，也意味着盈利率走势趋向稳定，并且这种走势具有较高的预见性，也就是说，当投资者将目光聚焦在股本收益率上时，往往可以更好地预测未来的盈利。

巴菲特认为一个公司只有拥有使投资者的资本（股本）获得高收益的能力，才真正能够确保长期增长的优势，而且市场也只关注股票持有者的年收益。为此，巴菲特说过：“当股价走到了相对于其盈利增长以及股本收益率具有吸引力的水平时，才应当购买。”按照他的说法，一个股票持有者应该把注意力集中在那些具有高水平股本收益率的公司上，根据巴菲特的价值投资原则，公司的股本收益率应该不低于15%，为了验证这一点，巴菲特所持有的上市公司股票几乎都达到了这一标准，像可口可乐的股本收益率超过30%，美国运通公司更是达到了37%。通过较高的内部收益以及低于平均水平的资本需求，这些公司几乎每年都能够创造出高水平的股本收益率，而这也带来了10%—20%的盈利增长速度。一般来说，消费品的股本收益率更高一些，而且持续性更好，这也是为什么巴菲特会在自己的投资组合中，加入一些消费品。

对于投资者来说，可以重点关注那些股本收益率在15%以上的企业，从中选择合适的目标。事实上，一些公司为了推动盈利率的提升，会积极主动提升股本收益率，最常见的一种方式就是股票回购，回购股票可以提升股本收益率，也能创造更多的盈利。比如巴菲特就曾回购伯克希尔公司的股票，这主要是因为外界低估了伯克希尔公司的价值，巴菲特觉得股价还会进一步上涨，回购股票可以以低成本创造更大的收益。加上伯克希尔公司的现金太多了，在找不到更好的对外投资项目时，把现金用于回购高价值的伯克希尔股票，是一个不错的选择。

1984年，巴菲特就在致股东信中这样说道："我们投资仓位最大的几家公司，其股票价格与价值存在很大差异的时候，都进行了规模相当大的股票回购。作为股东，我们认为这种股票回购值得鼓励而且回报丰厚。这有两个重要的原因：一个原因显而易见，但另一个原因却难以察觉，而且并不总是容易理解。显而易见的那个原因用最基本的算术一算就明白：以大大低于每股内在价值的价格大量回购股票，马上会以很高的比例提升公司股票的内在价值。当公司回购他们自己的股票时，他们常常发现这样做很轻松就能花1元钱价格得到2元钱价值。而公司收购计划几乎从来做不到这么划算的买卖，而且在数量众多的令人失望的收购案例中，就连花1元钱价格得到接近于1元钱价值也做不到。”

对于投资者来说，可以重点关注那些回购股票的企业，这也是一个不错的估值方法，毕竟能够积极回购自己股票的公司，往往也是看中了增值潜力和股价提升的空间，它们一定对股本收益率非常有信心。因此，对于投资者来说，如果一家企业的基本面还不错，又存在回购股票的现象，那么是可以尝试着进行投资的。

选择投资低市盈率的企业

1964年，巴菲特购入美国运通的股票，当时运通公司连续9年的复合增长率达到了12%，净利润年复合增长率为10%，公司的市值为1.765亿美元，而利润为1100万美元，市盈率大约为16倍。巴菲特对于这个市盈率还不是很满意，所以一直没有出手，可是很快他就发现了一些有趣的东西，那就是运通公司拥有一笔不错的浮存金收益，这笔钱并没有计入公司的经营利润总额，而是算到了股东权益上。这些浮存金收益实际上应该属于利润的一部分，它可以有效降低市盈率，巴菲特大致计算了一下，发现市盈率应该为14.2倍，这会是一个比较理想的数据。此外，运通公司还有很多前景非常好的业务，这些业务在未来能够带来更多的利润，因此市盈率实际上还有望进一步下降。经过仔细计算，巴菲特觉得运通公司符合自己的预期，价格虽然不便宜，但是也算合理，于是就决定投资运通公司。

如果进行分析，就会发现巴菲特非常看重低市盈率的公司，而且很多公司的市盈率都控制在了15%上下。除了运通公司之外，购入喜诗糖果时，喜诗糖果的市盈率为11.9倍；收购的华盛顿邮报在当时的市盈率为10.9倍；购买内布拉斯加家具店的股票时，这家公司的市盈率为8.5倍；购入的大都会广播公司，其市盈率是14.4倍；购买可口可乐公司的股票时，这家碳酸饮料巨头的市盈率是13.7倍；购入中美能源的股票时，对方的市盈率为13.5倍。还有一些企业的市盈率是5倍和6倍左右，可以说巴菲特非常青睐这些低市盈率的企业。

市盈率（PE）是股价除以年度每股盈余（EPS）得出的结果，假设某公司的股价上升到100美元/股，而年度每股的盈余为10美元，那么市盈率就为10倍。而同样一家公司的股价为100美元/股，如果年度每股的盈余为20美元，那么市盈率就是5倍。可以说，市盈率越低意味着每股盈余越大，投资回本的年限越短，投资者购入的成本会更低，承担的风险越低，盈利空间也越大。低市盈率符合巴菲特的价值投资理论，作为最常用来评估股价水平是否合理的指标，市盈率具有很高的参考价值，巴菲特也将市盈率作为价值考核的一个重要指标。

著名投资家彼得·林奇曾经提出一个著名的论断：任何一家公司的股票如果定价合理的话，市盈率就会与未来3—5年的净利润复合增长率相等。因此，他提出了一个关于市盈率相对盈利增长比率（PEG）的公式：PEG=市盈率÷（净利润复合增长率×100），当PEG等于1的时候，企业股票的估值就是合理的；当PEG小于1时，意味着股票价值被低估了；当PEG大于1时，意味着股票价值被高估了。

巴菲特非常欣赏这个公式，但也提出了自己的一些想法，并设定了一个估值公式：P=EPS/(r－g)。其中P是指公司股票的价值，EPS是公司股票的预期净利润，r是贴现率（向银行兑现未到期票据时，银行先行扣除利息所使用的利率），g是永续增长率。巴菲特以美国30年国债收益率作为贴现率来计算优秀公司的内在价值，即10%。而永续增长率g的取值一般在0—6%。

按照各个行业的发展情况来看，巴菲特理想中的市盈率是低于15倍的，因此伯克希尔公司购入的股票基本上都处于市盈率15倍以下的水准上，少数会达到20倍。虽然不同的人对于市盈率的高低有着不同的理解，但基本上都不会存在太大的差距。比如有的人认为市盈率在0—13倍时，往往表明该股票被低估了，而当市盈率在14—20倍时，说明该股票估值处于正常水平，21—28倍的股票有很大可能存在被高估的情况，对于那些达到28倍以上的市盈率，说明该股票出现了投机性泡沫，格雷厄姆认为超过40倍市盈率的企业就是有毒资产。

不过，不同行业的市盈率不一样，比如类似于计算机软件、医疗健康、通信技术等行业的市盈率可能会在80倍左右，而银行和地产行业的市盈率往往还不到10倍。需要注意的是，即便是同一个行业，不同的企业之间的市盈率也会相差很大。而且市盈率的高低并不是绝对的估值标准，低市盈率也并不是一个万能的指标，要知道向来追求低市盈率的巴菲特在购入亚马逊公司的股票时，市盈率已经达到了惊人的100倍，但巴菲特做出了这样的解释："买入亚马逊的推理过程，与买入低市净率、低市盈率的银行股，是完全一致的。"

很明显，巴菲特仍旧认为这是一笔价值投资，从这个方面来分析，价值并不一定都是要求低市盈率的。真正重要的是，在投资时，他往往会将高净资产收益率和低市盈率综合起来分析，高净资产收益率代表了企业的盈利能力，低市盈率则意味着用更少的钱购入股票，将两者结合起来考虑，无疑会提升投资的成功率和收益。对于投资者来说，在学习巴菲特的投资理念时，一定要注意对其进行全方面的了解，结合各种投资指标，这样才能更有效地把握住机会。

制定一个合理且统一的业绩衡量标准

1964年7月8日，巴菲特在致股东信中说到业绩衡量的标准问题时，谈到了衡量标准的稳定性："我们就这么做，不管评估结果如何。不用我说，大家也知道，我们有确定的业绩衡量标准，只能保证我们能做到客观评估，绝对不等于我们就能取得良好的业绩。提到衡量业绩，我们再回顾一下'基本原则'是怎么说的。基本原则中说，鉴于我们的投资方式，衡量我们的表现，至少要看3年，而且投资气氛浓厚时，我们可能落后。有一点，我可以向各位保证。既然我们已经把标准定在了90厘米，标准就始终是90厘米。我们不会因为达不到标准而修改标准。依我之见，在规模高达几千亿的资管行业中，如果人人都确立合理的标准来衡量能力，并有意识地付诸实践，这个行业就会更加健康地发展。在日常商业活动中，无论是评估市场、人员、机器，还是流程，人们普遍遵循既定标准，资管可是世界上规模最大的商业行业。"

巴菲特认为企业需要保持统一的业绩衡量标准，明确什么是好，什么是坏，明确什么才是真正对企业有利的，统一的标准可以更好地推动内部的运营和管理。对于任何企业来说，打造一个统一的业绩衡量标准直接关系到业务的扩张和自身的长远发展，而在设定统一的业绩衡量标准时，可以分成两个方面来考虑。

首先就是对企业自身的发展情况进行评估，找到合适的衡量指标与衡量的标准。最常见的就是对投资成绩进行评估，设定一个合理的衡量指标与标准，企业可以观察某一时间段内某个项目的投资情况，了解该项投资的营收状况和具体的状态。巴菲特说过："基金经理非常重视评估汽车、钢铁、化工等各行各业的公司的管理层。为了分析公司管理层优劣，他们会严肃认真地投入大量时间和精力。基金经理不辞辛苦地评估投资组合中公司的管理层，他们自己却不会受到同样的评估，这实属不该。我们认为，投资者和基金经理必须确立业绩评估标准，并且像研究自己的投资标的一样，经常客观地审视自己的业绩。"

为了弄清楚自己的业绩是否达标，巴菲特一直把道琼斯工业平均指数作为自身业绩的衡量标准，他希望每个经理都可以将其作为衡量业绩的标准。在衡量业绩的时候，需要合理使用道琼斯工业平均指数，找到一个契合度高的周期，一般是比较道琼斯指数点位在期末与很接近期初的一个时间段，这个时间段内评估企业发展的业绩时最合理，所以企业或者投资者需要观察在这一阶段内检验企业的投资收益表现如何。需要注意的是，衡量业绩的指标不能以一年或者一个季度为准，为了确保相关的业绩并不是偶然出现的，至少需要3年时间来检验自己的投资表现。

其次就是对企业投资标的进行分析和评估，制定合理的衡量指标和选股标准。每个企业家都会拥有自己的衡量标准，比如，巴菲特在选股的时候存在一个标准，那就是净资产收益率大于20%，毛利率大于40%，净利率大于5%。他觉得如果一家公司达到了这样的业绩标准，那么竞争力和盈利能力都会非常出众，多半会是一个理想的投资项目。

在这里，巴菲特首先强调了三个关键指标：净资产收益率、毛利率和净利率，他会综合起来进行考量，而不是片面地分析其中某一个指标或者某两个指标，又或者选择其他类型的指标进行搭配。假设有的子公司投资时选择重点考虑现金流、净资产收益率和市盈率，或者将市盈率与毛利率综合起来分析，这样很容易引发投资估值的混乱。

此外，每个指标都有最低的数据值，无法达到这些数据值的项目就要予以排除。有的子公司可能会按照自己的想法设定标准，比如将资产收益率设定在30%以上，将毛利率设定在20%以上，净利率大于15%；而有的子公司认为资产收益率达到10%，毛利率达到20%，净利率达到10%就行。这些不统一的指标会严重影响内部的统一管理，子公司的业绩考核与投资最终会出现严重的问题。子公司无法准确地了解哪些投资的公司在挣钱，哪些项目在亏钱，更不清楚哪些投资是合理的。

在面对投资标的时，企业必须保持统一的标准。而一个有趣的现象是，这些用于评估优质企业的指标，很多时候也是事后内部评估。试想一下，自己如果在选股的各项指标上都达标，那也就意味着自己也隶属优质企业的范畴，而企业万一没有达标，可以有针对性地进行分析和完善。因为只有以优秀企业的高标准来要求自己，只有努力将自己也打造成一个优秀的企业，才能够吸引更多股东的关注，赢得更多客户的认同。

无论是衡量自身业绩，还是选股时分析投资标的的业绩，想要实现标准的统一性，往往还需要制度的保障，企业家需要借助制度来实现业绩衡量标准的统一。简单来说，企业必须制定制度来推动这些指标的相关数值成为硬性的标准，任何违背、更改标准的行为都是不能容忍的，对于那些没有达到财务标准的人，企业必须给予投资项目负责人相应的惩罚。

需要注意的是，从长远发展来看，有关企业的业绩衡量标准是可以变动的，考虑到整个行业在不同阶段的发展情况不一样，企业面对的行业环境和政策也会不一样，因此所谓的统一标准只是一个相对概念，只是阶段内的统一，随着行业的变化，经营模式的转变，这些标准可能也会发生变化。

第八章

建立良好的信任关系，提升投资效率

做好投资的前提是保障股东的利益

2011年，巴菲特谈到公司的债务问题时，谈到了自己的资本管理责任和义务：“我和查理不会从事任何可能给伯克希尔带来丝毫威胁的活动。我们永远铭记在心：你们，也就是我们的合伙人往往将毕生积蓄的很大一部分投入本公司，信赖我们的谨慎管理。此外，一些重要的慈善活动也依赖于我们的审慎决定。最后，许多因事故致残的受害人依赖于我们的保险服务。如果为了追求额外的一点利润而使这么多人面临风险，那将是不负责任的。”

而早在2002年的致股东信中，巴菲特还谈到了独立董事的问题，在他看来，一个真正独立的董事必须具备三项特质，那就是拥有丰富的商业经历、积极的态度、以股东利益为导向，但是多数董事都不具备这三个特质。“过去40多年，我先后担任过19家公开上市公司的董事（伯克希尔不算在内），同时至少跟250位以上的董事进行过互动，他们其中多数都符合目前‘独立董事’的标准，但这些董事大多至少缺乏我所提到的三项特质之一，这样的结果导致他们对于股东利益的贡献微乎其微，甚至常常有害于股东的利益，这些人虽然彬彬有礼且学识渊博，但对于产业的了解却极其有限，同时也不会站在股东的立场去质疑不当的并购决策或不合理的薪资报酬。至于我个人，我必须郁卒地承认，往往做得也不够好：当公司管理阶层在做出有违股东利益的提案时，通常我只能选择沉默，在这种状况下，和谐感战胜了独立性。”

在巴菲特看来，一家公司、一家公司的管理者必须对公司的股东负责，必须将股东的钱当成自己的钱一样重视起来，在任何时候都不要辜负股东给予的信任，他强调企业必须以股份所有人（持有者）为中心。也正因如此，公司在做出管理决策和采取相关行动的时候，必须坚持以保障股东的利益为主，这也成为内部管理工作的核心，成为构建内部信息机制的核心。

通常情况下，企业为了确保内部形成良好的工作氛围，建立起为股东利益服务的企业文化，就需要完善自己的管理机制，要推动管理者形成更加合理的工作模式。在《巴菲特的投资组合》一书中，就重点谈到了这个问题，并且指出了巴菲特在管理公司方面所提出来的管理使用三项原则：理智原则、坦白原则、抵制机构的强迫命令原则。这三个原则其实在任何一个管理体系都适用，对于企业家或者投资机构来说，挑选一个充满理性、能够坦白面对自身工作、能够独立思考的管理者，直接关系到内部投资管理的效率和质量。

理智原则

通常来说，管理者的职责是将收益重新投回公司，确保股民获益，但是一旦收益不能以高比率的形式进行再投资，管理者就需要采取恰当的方式进行调整。比如管理者可以选择直接忽略这个问题，又或者花钱购买那些成长股，可是这两种方式都可能会给后续的投资带来较大的损失。真正理智的做法是直接将钱返还给股民，让他们有机会将钱投资到自认为高比率的项目上。

坦白原则

在投资中，一些管理者缺乏承受力和承担责任的勇气，他们的行为更多地趋向于报喜不报忧。但投资不可能总是一帆风顺的，很多投资本身就伴随着风险，本身就具有很大的亏损概率，出现亏损也是非常正常的现象。一味进行掩饰和美化，无疑会让更大的风险被遮掩掉，这对股民以及股东来说非常不利，对投资公司来说也非常危险。优秀的管理人员尤其是经理应该坚持坦白原则，勇敢承认自己的过失，承认操作上的一些不当行为，这样才能更好地改正错误，避免出现更大的损失。

抵制机构的强迫命令原则

很多管理人员缺乏独立思考的能力，也缺乏独立做出判断和决定的勇气，什么事情都听从公司高层的建议，任何情况下都坚持等待高层的指令行事。又或者坚持“领头羊策略”，看看领先者在投资和管理的过程中如何做出决策，然后坚持跟随策略。这些行为都容易引发一些不合理的决策，对公司的危害很大。一个优秀的管理者必须保持独立思考的能力，必须按照理智和逻辑来做出合理的判断，更科学、更自信地掌控投资策略，争取确保公司利益的最大化，同时承担起“管理”的责任。

许多投资机构和投资者片面强调自身实力的提升，强调投资技巧，却忽略了自身的服务属性（为股东服务）。在投资领域，投资者或者说投资经理的一个重要任务就是确保更大的盈利和更加合理的风险掌控，这是股东乐于见到的，也是一个最基本的投资法则。负责投资的管理人员必须时刻保持清醒的头脑，保持坦诚的态度，保持独立分析的投资理念，因为只有这样才能寻求最合理的投资模式，确保股东收益增长。

巴菲特讲过一个故事，说可口可乐公司很早就表现出了惊人的内在价值和巨大的增长潜力，但是很多投资机构的优秀经理选择视而不见，并不是因为他们缺乏必胜的把握，并不是因为他们缺乏选股的眼光，很大一部分原因在于他们觉得投资可口可乐并不会给自己带来多少利益，自己的收入也许并不会增长多少（考虑到可口可乐在一个很长的时间跨度内高速成长，而非短期内暴增），自己的办公室并不会变得更大，自己获得的权力也无法得到实质性的增加，所以他们放弃了这项操作，并掩饰自己的失职。如果这些经理能够更多地为股东的利益着想，能够更多地看到股东的需求，也许就不会错过这样的好机会了。

在现实生活中也是如此，很多企业的管理者在面对好的发展机会和投资机会时，更多地会先考虑自己的利益，看看这些项目是否能够给自己带来收益，是否会给自己的成长带来帮助，如果没有什么利益，他们是不愿意付出努力的，毕竟自己还要承担一定的风险（投资不佳，自己可能会遭受惩罚）。而在这样一种自私的环境中，股东与管理者、与公司之间的信任会不断丧失，而这对于公司的品牌形象以及长远发展都是非常不利的。他们必须转变思维，将股东利益放在核心位置上，打造一个相互信任的体系，这才是企业保持高效投资的基础。

选择一个合格的接班人

2021年5月3日，伯克希尔·哈撒韦董事长兼首席执行官巴菲特对外发表了自己关于接班人的看法：“董事们一致同意，如果我卸任，将由伯克希尔负责非保险业务的副董事长格雷格·阿贝尔接任公司CEO。”

巴菲特作为伯克希尔的掌门人，几十年来将伯克希尔打造成了世界上最大的投资公司，但现年91岁的巴菲特已经没有太多的时间继续自己的事业了（尽管这句话从十几年前就一直被人提起），所以替伯克希尔公司选择一个合格甚至优秀的接班人，确保整个公司在自己卸任后仍旧可以在正常的轨道上发展已经势在必行。

接班人选择一直都是那些大公司比较重要的工作，考虑到企业未来的发展，选择一个优秀、聪明的接班人至关重要。而对巴菲特来说，仅仅是业绩突出、聪明过人的人，还不足以说服自己和其他董事会成员，接班人必须拥有更多更重要的特质。早在2006年致股东的信中，巴菲特就提出了关于接班人的一些标准：

——年轻且有潜力管理大型投资组合。

——具有辨认及规避重大风险的能力。

——独立思考、心智稳定且对人性和组织行为具有敏锐的洞察力。

——要对伯克希尔保持忠诚，且愿意长久留任。

如果按照这样的标准，那么格雷格·阿贝尔正是巴菲特心目中非常理想的候选人。在巴菲特看来，格雷格·阿贝尔最大的优势是保持清醒的头脑、稳健的投资风格，以及出色的商机挖掘能力，这一点和巴菲特本人非常相似。他此前这样夸赞格雷格·阿贝尔："在这个世界上，有很多聪明人会干蠢事，而他（格雷格）是个聪明人，却永远不会犯蠢。"事实也证明了巴菲特的眼光，在2020年伯克希尔公司的很多投资都以失败而告终，巴菲特本人也做了很多糟糕的投资，以至于伯克希尔公司整个2020年的收益比2019年低很多；但格雷格·阿贝尔负责的能源、公用事业、汽车、制造、零售等非保险业务却有着出色的业绩，成为伯克希尔公司2020年为数不多的亮点。

最重要的一点是，巴菲特塑造了伯克希尔公司的企业文化，在他看来，这些企业文化是伯克希尔能够保持基业长青的基石，而格雷格·阿贝尔的投资风格、投资理念、管理原则与巴菲特很像，他将会继续保持伯克希尔的企业文化：保守、理性、价值投资、长期投资、信任与分权。

对于接班人的选择，巴菲特一直非常谨慎，在几十年的工作生涯中，他遇到了很多出色的合伙人，也物色了很多优秀的接班人，但一直没有真正下定决心要选谁。不仅仅是伯克希尔，在其他企业的运作和发展中，接班人选择同样会是一个大问题，毕竟一个好的接班人关乎着企业下一阶段的发展。尽管一家优秀的公司拥有出色的运作模式，但找一个更优秀的掌舵者无疑会推动企业迈向新的旅程。

那么一家企业究竟应该以什么样的标准来衡量接班人呢？或者说应该以什么样的标准来选拔接班人呢？一般来说，由于不同的企业有着不同的经营模式和管理模式，对于领导者或者接班人的能力需求不一样，因此很难有一个统一的标准。但企业之间也有一些共性，一些最基本的管理特征，因此接班人实际上还是需要满足一些基本条件。

突出的管理能力

作为企业下一任的最大掌权者，接班人不必拥有出色的技术，不必拥有强大的财务能力或者营销手段，但必须在管理上展现出自己的特点和优势，他们必须具备战略规划能力、资源调整配置能力、人事安排能力，这些是最基本的管理能力配置，也是做好管理工作的基础。

对企业和股东忠诚

一个优秀的领导者，必须忠于自己的团队，忠于股东的利益，忠于企业发展的利益，他们的决策和行动，都是基于对股东利益和企业利益的保障，他们必须将企业的发展扛在肩上，并且愿意为企业的发展付出自己全部的努力。

强大的凝聚力

企业领导者的主要工作就是将所有人凝聚在一起，为了企业的目标而奋斗，这种凝聚力可以是个人独特的魅力，可以是以身作则的影响力，可以是一种相互尊重和相互信任的沟通模式，也可以是大胆放权和授权的权力分享意识。总而言之，他们必须展示自己的素养，以此来吸引更多的人围绕在他身边工作。

构建美好愿景的能力

对企业的领导者而言，有时候需要为员工构建一个更远大的愿景，美好的愿景可以激发员工的工作激情，可以提升员工的工作信心和应对困境的抗压能力。

正确的价值观

这里强调的价值观既包括个人对工作、对生活、对世界的正确认知，也包含对合理的企业文化的继承与创造意识，接班人必须积极打造或者完善更加出色的企业文化，确保企业可以实现基业长青。

除了以上这些能力之外，在选择合格的接班人时，还要重点考量另外一种品质，那就是风险控制能力。巴菲特认为CEO必须做好风险控制工作，甚至是必备的素养之一。“让伯克希尔远离这些风险是我的职责所在。我和查理相信一位CEO一定不能忽视风险控制。这太重要了。在伯克希尔，我发起并监控每一项衍生品合同，除了在少数几家的分公司运营相关的合同，如中美能源控股公司（MidAmerican）和通用再保险公司（General Re）。如果伯克希尔出现问题，那就是我的问题，绝不会是风险委员会或者首席风险办公室的责任。”

“我认为，一个大型金融机构的主管委员如果没有建议CEO为风险承担全部责任，那么他们就是不负责任的。如果CEO不能胜任这项任务，那么他应该寻找其他的工作。如果他无法做到，而政府需要投入资金的话，他和他的委员会应该承担很大责任。”

多年来，巴菲特之所以一直保持谨慎，就是因为自己承担着风险控制的使命，绝对不会冲动行事。不仅如此，他还要求接班人以及其他管理者都必须担负起风险控制的责任，不能将团队和股东置于风险之中。对于那些一味倡导领导者带领团队前进的企业来说，如何选择一个善于掌控风险的接班人，是一个必须重点考虑的问题。

给予其他人更大的自主权

在2009年的致股东信中，巴菲特谈到了多样化业务带来的资金流动性，并且对伯克希尔公司的运作模式进行了褒扬：“我们打算让我们的下属公司自己经营，我们不对他们进行任何程度上的管理或者监督。这表示我们有时候会很晚才发现一些管理问题，还有一些运营和资金决策，如果咨询查理和我的意见，将不会被执行。但是，我们大多数的经理人极好地使用我们赋予他们的独立性，他们用保持所有者导向的态度回报我们对他们的信心，这是在一个巨大的机构无价的和非常少见的。我们宁愿承受少数不良决策的可见代价，也不愿意承受因为沉闷的官僚主义造成的决策太慢（或者根本出不了决策）而导致的无形成本。随着我们对BNSF（伯灵顿北方圣菲铁路运输公司）的收购，我们现在拥有257000名雇员和差不多几百个不同的运营单位。我们希望每个单位拥有更多员工。但我们不会允许伯克希尔变成委员会、预算编制、多层管理层泛滥的臃肿机构。相反，我们计划像分开管理的中大型规模的公司的集合那样运营，他们大多数的决策制定发生在营运层。查理和我只限于分配资金，控制企业风险，挑选经理人和制定他们的薪酬。”

按照巴菲特的说法，公司将继续以一种极端分散且闻所未闻的方式运营伯克希尔，这种模式更像是去中心化的管理，要知道伯克希尔公司投资了科技、互联网、铁路、航空、保险、食品、传媒、能源、厨具、珠宝、建材等多个产业的项目，旗下的员工在2019年就突破了39万人，2020年的市值更是达到了5430亿美元，但是整个伯克希尔公司的总部竟然只有20多个人。想要推动如此庞大的商业帝国顺利运作，仅仅依靠一个90多岁的老人显然是无法做到的，巴菲特的做法就是分权，让更多有能力的专业人士去帮忙打理各个子公司的业务。

伯克希尔子公司的负责人得到了很大的经营管理权限，他们有足够的自由在任何时间与任何人开展必要的合作。巴菲特并没有给各家子公司设定目标，子公司的CEO对公司拥有主导权，可以自己设定发展目标。巴菲特说过：“在伯克希尔，经理人能够专注于自身的业务经营：他们无须参加总部召开的会议，也免受融资困扰，更不会置身于华尔街折磨之中。他们只是每两年收到本人的一封信函，在他们有需要的时候给我打电话。他们希望工作与众不同。在过去的一年之中，我没有和有些经理交谈过，而还有一些经理我几乎每天都要和他们交谈。我们信任人而非流程。‘雇用优秀员工，少管理他们’的箴言不仅适用于这些经理人，而且也适用于我本人。”

为了避免出现管理上的缺陷，巴菲特甚至放弃了一部分优秀企业的收购和控制权，他认为在自己没有能力而对方有足够的实力营运时，控制一家公司并不是明智的选择。比如1977年，伯克希尔公司在资本城通讯公司里投资了1090万美元，依照持股比例已经可以赢得大约130万美元的收益，可实际上财务报表显示只有4万美元的现金股利。所以巴菲特认为直接买下资本城通讯公司一点也不划算，会给公司带来很大的成本负担，还不如直接进行股票投资。这个时候，巴菲特意识到让一家优质公司本身就拥有优良的资产与优异的管理阶层来管理这家企业，是最好的方法，因为他们知道如何运用自己的管理技能做好运营工作和资金管理工作。相比之下，直接买下整个资本城或者占据控制权不仅会增加一倍的成本，而且伯克希尔公司内部根本没有更合适的营运团队和相关的资源，无法经营和管理好资本城，所以巴菲特说："与其管还不如不管，更能得到好的结果，这样的观念或许很反常，但却是我们认为比较合适的。"

权力的过度集中一直都是很多大公司存在的问题，管理者不愿意放权，不信任下属，直接导致内部出现严重的官僚主义和部门墙，并影响了工作效率，这对于公司的投资其实是非常不利的。有很多企业家喜欢推行"一言堂"的模式，企业家本人拥有绝对的权力来决定做或者不做，别人必须严格按照自己的意志和想法行事。此外，他们拥有很强的控制欲，掌控了大部分的权力，大小事务都要他们过问才行，旁人无权参与决策，这直接引发了大量低效的决策。原因很简单，任何一个人的时间和精力都是有限的，不可能一个人做完所有的工作，也不可能关注到所有的工作。再者，任何人的知识面都是有限的，他们只适合做专业领域内的工作，对于其他的事情则不够精通，很容易犯错。最后，管理者过度集权的行为会伤害下属的工作积极性，下属往往会机械地执行任务，而不会对事情做出判断，并且他们对工作的兴趣会不断下降，甚至产生排斥和厌恶心理。正因如此，那些集权的企业通常都有非常糟糕的投资记录，他们很容易在投资中落入陷阱，或者在一些低价值的项目上浪费时间。

对于任何一个企业或者团队来说，首先必须构建一种行之有效的团队文化，而这种文化的核心就是权力分配。简单来说，每个人都是团队的一分子，都需要积极参与到团队决策和运作当中来，团队也都需要积极授权，给予成员参与决策的权限，尤其是一些自主行动的决策权。

首先，了解管理团队中的每个人，了解他们最擅长什么，最大的优势是什么，然后有针对性地安排他们负责自己擅长的项目，或者安排他们进入适合的岗位。

其次，管理者应该积极放权，让那些专业人才负责专业领域的投资，负责专业项目的操作，管理者只需要合理安排并积极获得反馈就行。

最后，管理者要把握那些关键事项的决策权，但是可以让下属更多地参与进来，大家能提出不同的建议和意见，而对于一般的工作，管理者应该给予下属更多的自主权。

在团队投资和企业运作中，管理者必须想方设法让更多的人参与进来，发挥每个人的优势和特长，让更多的人替自己分担工作，主持不同的投资项目，这样才能更好地发挥团队的力量。相比之下，分权和授权会比集权产生更好的投资效果。

与自己信任的人进行合作

在1989年的致股东信中，巴菲特说道："在犯下其他几个错误之后，我试着尽量只与我们所欣赏、喜爱与信任的人往来，就像是我之前提到的，这种原则本身不会保证你一定成功，二流的纺织工厂或是百货公司不会只因为管理人员是那种你会想把女儿嫁给他的人就会成功的，然而公司的老板或是投资人却可以因为与那些真正具有商业头脑的人打交道而获益良多。相反地，我们不愿意跟那些不具令人尊敬特质的人为伍，不管他的公司有多吸引人都一样，我们永远不会靠着与坏人打交道而成功。"

巴菲特认为信任是构建合作机制的关键，也是投资获得双赢的关键。多年来，巴菲特一直秉持这个投资理念，坚持双方的合作建立在互相信任的基础上，他的很多投资都选择了一些自己熟悉和信任的企业，企业的CEO和他甚至是非常要好的朋友，伯克希尔子公司也是由巴菲特信任的人负责管理，巴菲特甚至不用去干预他们的操作。信任就是合作的基础，尤其是商业领域内的合作，对于合作双方来说，他们往往需要进行交易或者利益互换，这种互换是否顺畅，过程是否能够让双方都感到满意，是推动合作完成的基础，也是推动下一次合作的前提。

很多学者给信任的定义就是“信任是为了简化人与人之间的合作关系”，在他们看来信任本身就是相互依赖的表现，无论是出于情感需求，还是利益上的需求，最终的目的都是寻求一种依靠。在商业模式中，相互之间的信任往往建立在利益互换的基础上，有时候也离不开情感的联系，不同的需求往往会产生不同的标准。比如巴菲特在寻找值得信任的合作伙伴时，就有自己的判断标准和经验，比如对方必须具备出色的商业能力，这样可以提升合作的收益。再者，对方必须具备良好的人品和优秀的商业素养，诸如正直、坦诚、具有双赢思维和远见等，有时候这些品质和素养要比个人的能力更加重要。很显然，巴菲特选择合作伙伴的标准具有普适性，同样非常适合其他投资者。

那么，对于普通投资者和经营者来说，什么样的人值得信任，值得合作呢？

第一，对方要拥有出色的个人能力，这是双方维持合作的一个前提。在商业领域，人们的合作基本上都是建立在利益交换基础上的，在寻求信任的合作伙伴时，能够带来利益的合伙人与客户自然是绝佳的选择，而能力就是利益和业务的保障，如果合作伙伴的能力不行，不具备强大的价值创造能力和商业运作手段，或者说没有什么竞争优势，双方之间的合作可能会陷入困境，合作也无法给自己带来更多的利益保障。

第二，对方要具备双赢思维和让利思维。在现实的合作中，许多人都单纯地将市场看成一个利益固定的大蛋糕，在他们眼中，如果对方获得了更多的收益，那就意味着自己要面临损失，正因如此，他们会千方百计为自己谋取私利，而侵害他人的利益。但事实上，整个市场并不是零和博弈市场，它完全可以成为一个正和博弈的市场，参与的各方都可以获得自己想要的利益，而不是像过去那样“一方获利意味着另一方亏损”，人们完全可以找到共赢的方法。所以那些具有共赢思维和愿意让利的人，往往是非常理想的合作伙伴。

第三，合作的企业以及企业家必须拥有良好的品行和声望，他们在市场上已经建立起自己的名声。一般来说，这样的企业和个人非常值得合作，投资者可以信任对方，并寻求更多合作的机会。相比于随便寻找一个合作伙伴，那些拥有良好形象的合作伙伴显然更加可靠，因为他们不会轻易违背自己的原则，不会破坏自己好不容易建立起来的品牌形象。

第四，双方具有共同的需求和共同的价值观。对于投资者来说，寻找一个和自己有着共同利益需求的人，也就意味着双方的利益捆绑在了一起，这种利益捆绑有助于双方走到一起，并且保持强烈的合作意愿。而拥有共同的价值观，可以确保双方在沟通上、行动上保持一致，并且强化彼此之间的默契度。而那些利益有分歧，价值观相差很大的人，往往会在合作时产生矛盾，影响彼此之间的化学反应。

第五，寻找一个自己熟悉且拥有默契度的人进行合作。相比于其他类型的合作伙伴，寻找一个自己非常熟悉或者默契度很高的人进行合作，无疑会提升合作的成功率，因为双方在相互沟通、相互促进方面可能具有更好的基础。许多企业家都会在自己的生活圈和交际圈寻求合作，实现强强联合，在他们看来，和圈内的人合作，双方之间更容易建立信任，而且有助于带动其他项目的合作。

第六，双方最好拥有愉快合作的经验。这一点非常重要，实际上很多投资者和企业都喜欢寻求老客户进行合作，都喜欢同某些伙伴建立长期合作伙伴关系。在他们看来，过去的合作经验会带来更大的便利，双方的沟通成本会降低，摩擦会更小，而且合作的广度和深度都有保障。

需要注意的是，寻找信任的人进行合作，并不意味着一定要拒绝那些自己不了解或者感到陌生的合作伙伴，只要双方都有合作意向，且能够设置更加完善的保障机制，那么是可以尝试寻求更多合作的可能性的。

要注意打造良好的名誉和形象

在《巴菲特致股东信》的附录中，巴菲特特别谈到了名誉的重要性："最优先的问题是，我们所有人都要继续持续不懈满腔热情地捍卫伯克希尔公司的名誉，我们做不到尽善尽美，但是我们将全力以赴争取尽善尽美。就像我过去25年在这些备忘录里一直说的那样：'金钱上的损失，甚至是非常大的金钱损失，我们承受得起。但是，名誉上的损失，甚至是一丝一毫的名誉损失，我们也承受不起。'我们必须坚持不懈地按照两个标准来衡量每个行为：不但保证是合法的，而且还要保证即使是一位充满敌意而聪明能干的记者报道我们的这一行为，而且发表在国家级报纸头版头条上也会感到高兴。"

许多企业和经营者非常看重企业的营收数据，非常看重企业在最近一个季度或者最近一年的利润和现金流，看重企业在市场上的占有率，以及企业获得的订单数量。但是有很多企业却常常忽略自己在名誉方面的投入和收获，也很少会有企业专门针对自己的名誉进行市场调研，尽管他们意识到良好的名誉对自身的发展有帮助，但是在行动上总是有所欠缺，企业的经营者常常不清楚自己的形象好不好，不了解外界是如何评估自己的名誉的。

而巴菲特对于名誉和形象非常看重，在他看来，企业的形象直接关系到未来的发展，由于经营不善而导致暂时性亏损，并不会对企业造成致命伤害，管理者还可以寻求恢复的可能性；但是企业形象一旦受损，形象被破坏掉，那么就会形成深远的不良影响，导致企业失去股东和客户的信任。关于这一点，巴菲特深有体会。

1987年，巴菲特花费7亿美元投资了所罗门兄弟公司，他非常看重这笔投资，并且认为它可以带来丰厚的回报。可是仅仅过了三个月，由于股市遭遇熊市，所罗门兄弟公司的股价开始暴跌，公司不得不裁员，并且关闭了很多业务。更糟糕的是，由于裁员导致CEO对公司失去了控制，不久之后一名叫莫泽尔的骨干人员被爆出用不正当手段操控国债市场，并导致很多企业破产。

非法操控国债市场是违法行为，美国证券交易委员会和美国国防部很快就着手进行调查，结果发现了所罗门兄弟公司内部还有更多的金融丑闻。这一下，所罗门兄弟公司遭遇重创，整个公司濒临倒闭，巴菲特只能临危受命担任董事长一职。芒格劝告巴菲特退出，这样最多只会亏损7亿美元，若是接手烂摊子，可能会被拖进更大的旋涡，毕竟这样一家名誉受损的公司会对整个伯克希尔公司造成严重的影响。

巴菲特还是做出了冒险的决定，而这正中美国司法部和财政部的下怀，他们既不打算放过所罗门兄弟公司（通过严惩这种作弊行为来警告其他资本家），又不希望这家全美负债第二的投资银行破产（所罗门兄弟公司的破产会导致整个金融体系的动荡），而巴菲特担任董事长则正好解决了他们的担忧，因为巴菲特既有足够的资金用于罚款，又不会导致公司破产。

财政部打算在东京股市和伦敦股市开盘之前发布禁令，那样所罗门兄弟公司将会遭遇重创。在这个时候，巴菲特摸透了财政部的想法，于是主动致电财政部的官员，说自己还没有正式成为所罗门兄弟公司的董事长，官员一下子就慌了，就放弃了发布禁令的想法。而此时，苏联宣布解体，成功吸引了全世界媒体的关注，所罗门兄弟公司的金融丑闻很快被市场淡忘了。但巴菲特仍旧心有余悸，开始意识到企业维护名誉的重要性，并且发誓再也不会投资名誉受损的企业。

无数的事实表明，当一个企业或者产品的品牌形象受损时，往往会带来持续性的负面影响，企业的营销会受到阻碍，企业的投资与扩张会遭到排斥，消费者和客户也会逐步流失。那么为什么企业的形象和名誉会产生如此大的影响呢？原因就在于现如今的消费者越来越重视自身的体验，当他们意识到某个企业存在污点，就会对企业的整体形象产生负面评价，比如当企业管理者拥有不正确的价值观时，可能会影响到消费者对产品的评价。同样地，当服务出现问题时，会被认为是一家黑心企业，一无是处。此外，随着市场竞争日益激烈，可替代的产品也在不断增加，这个时候，有污点的品牌很容易遭到抛弃，人们会寻求相似的产品来替代。

正因如此，企业管理者需要注重打造良好的名誉和品牌形象，这样对企业的经营和投资都会产生积极的影响，而具体的做法可以包含以下几个方面：

保证良好的产品和良好的服务

良好的名誉首先来源于好的产品和服务，产品和服务是企业在市场上立足的根本，对于经营者来说，只有保证产品的质量和服务的水准，才能赢得客户和消费者的信任，也才能赢得合作伙伴的认同。而当产品质量和服务达不到标准时，企业与市场上的信任就会被破坏。

寻找良好的合作伙伴

对于经营者来说，寻求一个强大的、有正面影响力的合作伙伴不仅有助于提升竞争力，还能显著提升企业的品牌形象，可以拔高企业在消费者以及客户心中的层次。反过来说，如果企业的合作伙伴是一个有污点的品牌，名声非常糟糕，那么双方之间的合作可能会导致自己的品牌形象受到影响。

拒绝欺骗，防止造假

有的企业为了吸引更多的投资者，为了赢得市场的关注，会选择做假账欺骗股东，欺骗消费者，欺骗合伙人，而这样会导致企业信誉度的下降。想要维持良好的信誉，就要对自己的客户、消费者、股东、合作伙伴保持足够的忠诚和真诚，不能伪造数据，也不能采用欺骗手段来谋取利益。

积极参与社会活动，保持正确的价值观

对于一个企业来说，在谋取经济效益的时候，还应该想办法提升社会效益，而把握社会效益，就需要保持强烈的社会责任感，积极参与社会活动，还要拥有正确的价值观，通过更积极正面的参与，来提升自己对社会的影响力并为自己赢得更好的社会名声。而有的企业过分看重经济利益，甚至为了经济利益不择手段，违背社会价值观，从长远来看，这样的企业难以赢得更多的尊重。

需要注意的是，很多人认为企业的名誉和形象建设本身就是做给外人看的，只要注重宣传和自我修饰，就可以给外界留下更好的印象。但从管理的角度来说，企业想要提升名誉和形象，需要真正落实到内部的提升和完善上，比如产品和服务的质量并不是简单的宣传就可以达到的；想要寻找到好的合作伙伴，想要和大品牌合作，自身也必须拥有强大的实力；即便是参加社会性的活动，也要展示自身的实力。因此，想要打造好的名誉，虽然离不开企业的公关和营销，但本质上还是企业实力的体现。

及时反馈和处理内部问题，避免问题恶化

在2011年的致股东信的附录中，巴菲特谈到了问题的解决："在伯克希尔公司里面，有些人现在正在做着一些事情，你们和我一旦知道会感到很不高兴。这是无法避免的，因为我们现在雇用了25万名员工，所以想要任何一天里发生任何一次不良行为的概率是零是根本不可能的。但是如果我们马上处理任何有一点点不正当可能性的行为，我们就会在减少不良行为发生概率上取得很大的效果。你们这些经理人对待事情的态度，通过你们的行为和言语表达出来，将会是你们管理的公司形成的企业文化中最为重要的一个因素。文化，而不是企业规定手册，决定一个组织的行为举止。"

为了提升内部解决不良事件的效率，巴菲特给股东提出了一个基本要求："如果看到任何正当性和合法性让你感到犹豫不决的事情时，请务必打电话给我。"他再三强调："如果有任何重大的坏消息，也要马上让我

知道。坏消息，我完全能够应对。但是我不喜欢在坏消息已经导致发烂化脓一段时间之后再来应对坏消息。”

事实上，伯克希尔公司拥有几十万的员工，拥有几千亿美元的体量，但是内部的运作非常顺畅。和其他公司一样，如此体量的大公司不可避免地会出现一些问题，而对于这些问题，无论是巴菲特，还是各个子公司的管理者，以及各子公司的员工，都需要想办法参与到问题的解决机制当中去，每一次问题出现之后，发现问题的人必须及时向上级反馈（小问题可以自己着手解决），这个时候，管理层绝对不能放任不管。巴菲特不允许问题一直拖着，更不喜欢任由问题恶化，所以他主张构建一个高效的信息反馈系统和解决问题的机制，确保所有被发现的问题可以在第一时间得到妥善解决。

许多公司和团队之所以会出现内部效率低下，问题迁延不决，内部信息堵塞等问题，就是执行力不高的一种表现，而执行力偏低无疑会让内部的问题无法及时得到解决，最终一些小问题会因为没能引起足够的重视而引发管理上的大危机。比如很多公司都存在一些做假账，或者欺骗客户的行为，在一开始的时候，往往只是一些个例，可是由于没有人及时反馈问题，或者问题反馈之后一直被搁置，最终引发了严重的信任危机，公司的名誉和品牌受到严重的冲击。还有一些公司可能存在部分管理者任人唯亲的现象，可是由于没有人指正，上级也没有引起重视，导致内部的腐败越来越严重，最终导致内部出现“山头主义”和部门墙，内部的配合几乎为零。

很显然，如果人们想要确保内部处于一种稳定安全的运行状态，就要确保那些制造动荡和危机的因子被及时发现和消除，这里不仅要求所有成员要建立起主人翁意识，把企业的问题当成自己的问题来看待，还要提升所有成员的危机感和责任感，确保所有人都可以建立起强大的安全意识。

如果更深层次进行挖掘，就会发现问题主要集中在执行力上。一些管理学者提出了一个执行力三角的理论，在他们看来，执行力的核心三要素就是信息、心态和行动。信息是最基本的要素，管理者需要及时了解内部存在什么样的问题，是哪些部门的问题，这些问题会造成什么样的影响，需要采取什么方式着手解决。与之相对应的就是构建完善的沟通体系，丰富沟通渠道，鼓励内部沟通，明确各自的责任，为信息传输和内部沟通创造良好的条件。

解决了信息问题之后，潜在的威胁就控制住了一半，不过心态非常重要，即员工是如何看待这些问题的，他们会不会选择置身事外，管理层是否会重视这些问题，会不会立刻给出指示。不同的参与者具有不同的心态，只有每个人都意识到潜在的危机，并愿意重视起来，问题才有可能被及时解决。

当然，最重要的环节还是行动，无论信息有多么充分，心态多么好，具备多强的责任感，如果缺乏实际的行动，那么问题依然会存在，因此企业需要推动问题的解决行动。发现问题要及时向上反馈，反馈之后，管理层要立即制订解决问题的方案，并下达指示，要求执行者立即着手解决。在这个流程中，企业需要建立相关制度（如绩效考核制度）来约束所有人，流程上的每个参与者都应该明确自己的责任，任何玩忽职守的行为都要受到相应的惩罚。同样地，对于那些敢于指出问题，并且帮忙解决问题的人，企业也要给予及时的奖励。

需要指出的是，企业内部的管理者也要以身作则，避免自己犯错，并且严格审视自己的行为，及时改正错误。巴菲特在谈到这个问题时，说过这样一段话：“多年来，查理和我目睹了各种各样的不良企业行为，包括会计和运营方面的，都是因为管理层为满足华尔街期望的愿望而导致的。为了不让‘华尔街的人’失望，开始时只是‘无辜’的捏造——比如季度末的贸易数据、对不断上升的保险损失视而不见，或动用‘小金库’储备——这可能成为走向全面欺诈的第一步。‘就这一次’很可能是首席执行官的初衷，但最终的后果会很可怕。如果老板可以稍微欺骗一下，那么下属也很容易为类似的行为找到借口。”在他看来，上行下效会摧毁整个公司的诚信体系和企业文化，如果企业管理层不能做到自我约束和自我纠正，整个公司很快就会陷入危机。

打造一个值得信任的成熟商业体系

在谈到巴菲特的生意经时，许多人都将注意力集中到了他的投资能力、选股技巧以及投资理念上，但是如果进行分析的话，就会发现巴菲特挣钱或者伯克希尔公司能够快速扩张的秘诀就在于巴菲特打造了一个出色的商业模式，依靠这个超级盈利的商业模式，他不仅赢得了股东的认同，赢得了客户的信任，还赢得了市场的关注，这使得伯克希尔公司一方面可以吸引更多的股东进行投资，另一方面旗下的子公司可以源源不断地拓展业务。

那么什么是商业模式呢？商业模式又包含了哪些方面的内容？

具体来分析，一个成熟的商业模式包含了四个要素：客户价值主张、盈利模式、关键资源、关键流程。

客户价值主张强调的是企业能够为客户带来什么价值，或者说企业依靠什么来吸引股东和客户。客户价值主张属于商业模式的核心内容，是衡量商业模式的一个基本标准。在一个成熟的商业模式当中，客户价值主张是必须明确的一个要素。

盈利模式指的是企业为客户、股东创造的收益，它是商业模式的基本支撑。只有拥有出色的盈利能力，整个企业的商业模式才能成功运作，而盈利不佳的商业模式通常难以持久运转。

关键资源是指企业最依赖什么资源为客户创造价值，或者说什么样的资源可以满足客户的需求。在商业模式中，关键资源是非常重要的拼图，企业的竞争力就构建在这些关键资源上，商业模式也依赖关键资源发挥应有的作用。

关键流程侧重的是企业为顾客创造价值所需的重要制度以及文化，关键流程是一些辅助性的措施，是一些保障性的手段，主要为商业模式的构建提供基本保障。

许多企业都有自己的商业模式，苹果公司的商业模式基本上是构建以iOS系统为核心的生态，像手机、电脑、播放器、耳机以及正在研发的汽车，这些终端硬件都是围绕这个系统来运行的。公司的关键资源是技术创新和完善的系统，它们给用户带来了非凡的体验（客户价值主张），依据生态系统的完善和技术的创新，苹果公司不仅生产了出色的手机、电脑产品，还推动了APP的进步，确保公司可以在硬件销售和软件推广上获得高额的利润（盈利模式）。为了推动技术的进步、生态的建设以及利润的增加，苹果公司打造了非凡的创新文化和科学合理的管理制度（关键流程），有效保障了内部的创新和盈利模式。

同样地，这个商业模式的四要素也可以用来解释伯克希尔公司的发展。伯克希尔公司也有自己的商业模式，这个商业模式中有一个关键资源，那就是保险业务，依靠出色的保险业务，伯克希尔可以将更多的钱（保险浮存金）用于投资，这些钱具有强大的杠杆作用，确保伯克希尔公司可以以低成本（低利息或者无息）来获得较高的收益（投资回报），而且由于伯克希尔一贯以来秉持的长期投资模式、价值投资模式和集中投资理念，使得最终的投资回报非常惊人，这样的盈利模式在整个投资行业都是比较少见的。伯克希尔公司的客户价值主张就是确保股东的利益得到保障，公司所有的投资都是出于对股东收益负责的态度展开的，这也是巴菲特多次强调的一点。而为了确保关键资源价值最大化，保障公司的盈利和股东的收益，伯克希尔推行了去中心化的组织管理模式，强调分权和民主决策，并且保持开放的政策，这些关键流程有效保障了伯克希尔的正常运作。

举一个很简单的例子，巴菲特从伯克希尔公司名下的保险公司调取10亿美元，然后交给几家子公司的经理，让他们自己投资优质的项目。本着对股东负责的态度，子公司的负责人果断投资了可口可乐公司或者富国银行，最终这些投资获得了超过10倍的收益，更多的投资人开始购买伯克希尔公司的股票，或者与伯克希尔公司及其子公司进行合作。这就是典型的伯克希尔模式，也是一个非常成功的商业模式，它有效赢得了客户和股东的信任。

对于普通的企业来说，想要赢得客户、股东以及合伙人的信任，同样需要打造一个成熟的商业体系，确保公司运用这个商业体系就可以赚取丰厚的利润，可以给股东和客户带来很大的投资回报，从而打造更加稳定的合作关系。

在打造一个明确的客户价值主张时，需要强化客户至上的原则，将自己投资的起点和终点都放在客户身上，体现出对客户负责的态度，以客户的利益为导向。一般来说，企业需要做好市场调查工作，了解客户的真实需求，并依据自身的实力和价值，尽可能给予满足。

在构建企业的盈利模式时，则要确保资金的流动性，确保整个企业处于稳定的、可持续的增长模式当中，企业可以依靠优质的投资组合以及营收渠道来创造高收益，并且整个盈利模式必须兼顾潜在的风险。

至于关键资源，主要是指自身的最大优势是什么，因此企业有着明确的自我定位，了解自己的优势是什么，自己最擅长做什么，自己的哪些资源能够为客户带来美好的体验和利益上的满足。找准了关键资源，就可以围绕这些关键资源构建自己的市场营销体系，提升自己的市场影响力，并快速赢得客户的欢迎与信任。

最后则要打造完美的关键流程，企业必须针对自己的盈利模式和关键资源，打造相应的管理制度，构建更加完美的企业文化，以此来体现自己的客户价值主张，并保障相关模式的运作。

需要注意的是，企业在打造商业模式的时候，不能盲目跟风，一定要确保适合自己的发展实情，确保符合自己的战略规划和市场定位，只有这样才能拓展自己的商业版图，才能真正赢得客户和股东的信任。

后记：为什么巴菲特会错过那些伟大的科技公司?

作为最负盛名的投资者，巴菲特获得了各种美誉，人们称赞他是“大师中的大师”“聪明人当中最聪明的”，依靠着积累下来的几百亿美元以及庞大的投资帝国，巴菲特似乎担得起各种称赞。但是也有人抨击巴菲特过于保守和僵化，认知能力仍旧停留在20世纪70年代，这种批判主要集中在巴菲特错失那些伟大的科技公司上。

如果对巴菲特的投资进行分析，就会发现巴菲特的确不喜爱投资科技公司，可以说巴菲特终其一生对科技股都抱以极大的戒心。人们可能会认为巴菲特对科技进步毫不关心，认为他没有办法掌握潮流，甚至于有很多人拿他不使用电脑说事，认为巴菲特就是一个思想守旧的老古董。

巴菲特也在不同场合多次吐槽自己在科技股方面的失误，且不说谷歌公司和亚马逊公司，据说1991年，好朋友比尔·盖茨劝说巴菲特购买微软公司的股票，结果巴菲特只是出于对朋友的尊重而礼貌性地购入100股。

为了避嫌，盖茨还特别向老友推荐了英特尔公司的股票，巴菲特同样婉言回绝。要知道单单是微软公司的股票，这些年也已经上涨了几百倍。

错失微软是一个重大的投资失误，但巴菲特接下来又继续错失了更多的科技公司，看起来巴菲特并不打算在失败中吸取教训，难道真的是因为他对于科技公司不屑一顾，或者说他在科技发展的潮流中始终显得过于迟钝？其实巴菲特之所以对科技公司保持距离，最重要的原因还是在于他的投资风格：保守。正是因为足够保守和稳健，巴菲特才对科技公司尤其是高速扩张的科技公司保持谨慎的态度和足够安全的距离。在他看来，那些快速发展的科技公司具有很大的风险，这些风险并不是自己能够预测和控制的。

最典型的就是苹果公司，在乔布斯时代，苹果的产品几乎被做到了极致，各种创新产品层出不穷，那个时候的苹果公司是最有影响力的品牌，但巴菲特却拒绝投资苹果公司，直到2016年，巴菲特才投资了苹果，而此时的股价相比于乔布斯推出初代iPhone时已经上涨了10倍，也就是说，巴菲特错过了最佳的投资时机，这也是巴菲特此后多次批评自己的重要原因。但从理性投资的角度来看，巴菲特并没有做错，因为他见多了太多幻想着推出颠覆性科技产品的科技公司，也见多了华尔街对科技股的操纵。他不太喜欢那种动不动就寻求颠覆性突破的企业，在他看来优秀的企业应该寻求不断的改良，而不是不断的突破，因为颠覆性突破很难，一旦无法继续突破，就会快速遭遇发展的“瓶颈”，并快速被市场和消费者抛弃。

在乔布斯时代，产品力十足，但是随着iPhone4推出之后，苹果的产品在创造力方面渐渐沦为平庸，销量开始不断下降，因为消费者此前习惯了各种富有创造力的产品，他们的期待被拔高到一个很高的水平上，一旦苹果手机无法形成技术突破，他们就会抱怨苹果公司失去了创新文化，抱怨苹果公司开始收割消费者的智商税，各种排斥也开始出现，果粉逐渐减少，苹果产品热潮的退去自然会伴随着销量的下跌。显而易见，靠着不断出爆品引导复购的模式并没有为乔布斯打造出很深的护城河，就是因为创意复制和突破太难了。库克的创造力虽然比不上乔布斯，但是在运营方面表现更出色，是一个更优秀的管理者，他更加懂得如何通过逐步改良来建立更稳定的生态体系（iOS生态）和发展模式，所以人们可以看到一个奇怪的现象：苹果的手机并没有像以前那样叫好又卖座，但苹果公司的市值一直在升高。

依靠着逐步改良的产品和iOS生态系统，苹果公司抓住了海量的用户，并带来了稳定的现金流，这正是巴菲特看重的。这一点在比亚迪身上同样表现得很明显。当年，巴菲特不愿意投资马斯克的特斯拉，而选择了比亚迪，就是因为看中比亚迪的稳健和改良主义，相比于马斯克追求天马行空的极致创造，巴菲特认为比亚迪的发展会更加持久，因为持续的改良才会推动企业在一个正常的轨道上发展和进步，而极致的创新不可能总是能够满足市场和消费者的胃口。

其实，从整个科技公司的发展来看，越来越多的理性投资者和企业家都在选择巴菲特的理念，比如华为公司多年来就一直追求精致的改良主义，任正非认为真正的创新不一定就是颠覆性的，逐步改良才是最好的创新。创新理念从颠覆性和激进原则慢慢转向保守，其实已经成为一种必然，在下一个技术风口到来之前，保持相对保守的改良主义是企业发展的重要内容，也是很多优秀投资者期望看见的。

巴菲特强调的能力圈就包含了对科技公司发展模式和运作模式的不习惯，在资本时代，影响企业发展的因素太多了，巴菲特不希望一个企业在高速道路上狂飙，那不仅不现实，而且非常危险。很多人都曾让巴菲特谈论心仪的企业，巴菲特认为那种能够持续发展和进步的企业最合胃口，这显然迎合了他关于改良主义的论调。如果对巴菲特投资的公司进行分析，就会发现这些公司中的大多数并没有在一年之内或者几年之内实现价值疯狂增加，真正推动它们成长的是时间，足够长的时间，它们并没有在一年之内就出现增值100倍的疯狂举动，而是通过20%以上的年化收益率以复利的形式实现了资产的累积。而很多科技公司更像是吃青春饭的演员，它们可以在一年之内身家暴涨几十倍几百倍，也可能在接下来的一年跌破最低水平，快速被市场淘汰。

巴菲特对科技公司股价起伏不定的担忧，实实在在影响了他的行动。比如在2020年第四季度，在巴菲特的运作下，伯克希尔公司直接减持了5716万股苹果公司股票，当时他认为苹果公司的估值有点高了，可以选择卖出去，但到了2021年，这一举动让巴菲特后悔不已，因为苹果公司表现出了强劲的发展势头，而且这举动也明显违背了自己长期持有的原则（不轻易卖出优质的股票）。虽然意识到了自己的错误，但可以看出巴菲特对科技股始终都是不太信任的。

相比于科技公司的阴晴不定，且容易被华尔街盯上，巴菲特更加倾向于投资传统的公司，这些公司更加简单，更容易进行估值，从风险控制的角度来说更容易把握，从盈利的角度来说则更容易预测。虽然，巴菲特并非完全抵制科技公司，这些年，他买入了苹果公司、亚马逊公司、比亚迪公司的股票，就是一种有效的投资，也许未来巴菲特还会买入更多的科技股，会有更多的尝试，但从投资风格来说，科技股仍旧不会是他投资的首选。